张祥斌 | 主编

聪明人爱玩的
1001个
脑筋
急转弯

化学工业出版社
·北京·

图书在版编目（CIP）数据

聪明人爱玩的 1001 个脑筋急转弯/张祥斌主编．
—北京：化学工业出版社，2010.1（2025.2重印）
ISBN 978-7-122-07068-5

Ⅰ. 聪…　Ⅱ. 张…　Ⅲ. 智力游戏–通俗读物
Ⅳ. G898.2

中国版本图书馆 CIP 数据核字（2009）第 205033 号

责任编辑：丁尚林　王晓云　　　　　　装帧设计：尹琳琳
责任校对：宋　玮

出版发行：化学工业出版社（北京市东城区青年湖南街 13 号　邮政编码 100011）
印　　装：北京天宇星印刷厂
720mm×1000mm　1/16　印张 14⅛　字数 136 千字
2025 年 2 月北京第 1 版第 12 次印刷

购书咨询：010-64518888　　　　　　　　售后服务：010-64518899
网　　址：http://www.cip.com.cn
凡购买本书，如有缺损质量问题，本社销售中心负责调换。

定　　价：39.80 元

　　脑筋急转弯是现代生活中的一种新型头脑体操，它通过考验人们对于一些问题的回答能否打破原有的思维模式，发挥超常思维，来锻炼人的思维敏捷度和全方位思考能力。大多数脑筋急转弯题目具有幽默风趣、机智灵敏的特点，集娱乐、启智为一体，深受人们的喜爱。尤其是对于青少年朋友，在繁重的课业之外，脑筋急转弯更是一种喜闻乐见的课外休闲、益智活动。

　　本书根据青少年朋友们的理解能力和接受能力量身订做，精选了1001道或别出心裁或幽默风趣的脑筋急转弯题目，充分调动脑细胞活力，打开全方位思考模式，更使读者在轻松一笑的同时提高幽默感。书后还总结了脑筋急转弯的常见题型和解题思路，有的题目读者还可以根据自己能力展开更广阔的联想空间，相信看完本书，你就能成为脑筋急转弯解题高手！

　　青少年是祖国未来的花朵，提高青少年思维能力也是每个家长特别关注的问题，希望本书能让青少年在紧张的挑战中取得快乐与智慧的双重收获，能让他们在智慧的国度里，插上梦想的翅膀，展翅翱翔！让我们走进这个神秘的天地，开启一扇扇智慧和奇趣的大门吧！

 1 本书作者与你有什么相同的地方？

难度系数：★★★

 2 7 加 7 等于 14，还能等于多少？

难度系数：★★★★

 3 什么问题是人人知道而答"不知道"的？

难度系数：★★★★

 4 白天不能开什么车？

难度系数：★★

 5 "不见棺材不掉泪"可以拿来形容一个人顽固，你知道什么人是"见了棺材仍然不掉泪"的死硬派吗？

难度系数：★★

 6 一头被 10 公尺绳子拴住的老虎，要如何吃到 20 公尺外的草？

难度系数：★★

 7 上课偷看"脑筋急转弯"，如果被没收了，谁最高兴？

难度系数：★★★★

 8 一个男人加一个女人会成了什么？

难度系数：★★

 9 什么书买不到？

难度系数：★★★★

 10 什么鼠最爱干净？

难度系数：★★★★★

 11 "东方"轮上的大副说他去过没有春夏秋冬，没有昼夜长短变化的地方，那是什么地方？

难度系数：★★★

 12 "东张西望""左顾右盼""瞻前瞻后"这几个成语用在什么时候最合适？

难度系数：★★★

13 "好马不吃回头草"最合乎逻辑的解释是什么？

难度系数：★★★

 14 有很多张嘴巴的蛇是什么蛇？

难度系数：★★★★

15 "水蛇""蟒蛇""青竹蛇"哪一个比较长？

难度系数：★★

答案

1 都是中国人。

2 3和0。两个7，上下连在一块，是"3"的象形；一反一正扣在一块，是"0"的象形。

3 "不知道"这三个字读什么？

4 开夜车。

5 死人。

 16 什么东西新的和旧的人们都一样喜欢？

难度系数：★★★★

 17 右手永远抓不到什么？

难度系数：★★★★

 18 一斤白菜 5 角钱，一斤萝卜 6 角钱，那一斤排骨多少钱？

难度系数：★★★★★

 19 阿珍什么家务都不会做，脾气又坏，他爸妈为什么还拼命催她结婚？

难度系数：★★★★★

 20 "先天"是指父母的遗传，那"后天"是什么？

难度系数：★★★

6 老虎不吃草。

7 老师的孩子。

8 两个人。

9 遗书。

10 环保署。

 21 布和纸怕什么？

难度系数：★★★★★

 22 除了厨师，什么人经常把蛋弄坏？

难度系数：★★★★

 23 从1到9哪个数字最勤劳，哪个数字最懒惰？

难度系数：★★★★★

 24 大李带着他三岁的儿子上街，儿子看见别人在甘蔗摊子边吃甘蔗，吵着也要买，大李对儿子轻柔地说了一句话，儿子马上不吵也不闹了，乖乖地跟他回家了，大李说了什么？

难度系数：★★★★

 25 大明在英国出生和读大学，为什么他还不能讲流利的英语？

难度系数：★★

11 赤道。

12 过马路。

13 后面的草都吃光了

14 七嘴八舌。

15 "青竹蛇"最长，有三个字。

 26 10 除 2 却不等于 5，为什么？

难度系数：★★★★★

 27 做什么事时只能用右眼看东西？

难度系数：★★★★

 28 黑、白相间的马是斑马，那黑、白、红相间的是什么马？

难度系数：★★★★★

 29 一只蚂蚁不小心从飞机上掉了下来死了，猜猜它是怎么死的。

难度系数：★★★★

 30 13 个人捉迷藏，捉了 10 个还剩几个？

难度系数：★★★★

 答案

16 金和钱。

17 右手。

18 一两等于十钱，一斤 100 钱。

19 为了嫁祸于人。

20 明天的明天。

 31 大象的什么东西最长？

难度系数：★★★★

 32 蚂蚁在地上爬，阿美一只大脚从蚂蚁身上踩过去，蚂蚁却没死，为什么？

难度系数：★★★

 33 房间里有三个人，后来全部走了，可是房间里还有两个人，怎么回事？

难度系数：★★★★★

 34 18次航班从北京飞往广州只需2个多小时，目前飞机飞了1个小时，请问：飞机在什么地方？

难度系数：★★★

 35 一根2米长的绳子将一只小狗拴在树干上，小狗虽贪婪地看着地上离它2.1米远的一根骨头，却够不着，请问，小狗该用什么方法来抓骨头呢？

难度系数：★★★

 **答案**

21 布怕一万，纸怕万一。原因：不（布）怕一万，只（纸）怕万一。

22 捣蛋鬼。

23 1懒惰，2勤劳。原因：一（1）不做二（2）不休。

24 甘蔗不好吃，看别人吃一口就吐掉了。

25 因为他有口吃。

 36 一辆出租车在公路上正常行驶，并且没有违反任何交通规则却被一个警察给拦住了，请问为什么？

难度系数：★★★★

 37 后脑勺受伤的人怎样睡觉？

难度系数：★★★★

 38 哪个历史人物游泳必定沉下去？

难度系数：★★★★★

 39 和谁交往最辛苦？

难度系数：★★★★★

 40 为什么画家喜欢画粗的绳子不喜欢画细的绳子？

难度系数：★★★★★

- -

㉖ 比如，情报小组除去两名汉奸还有 8 名成员。

㉗ 闭上左眼时。

㉘ 害羞的斑马。

㉙ 飘得太久饿死的。

㉚ 两个。

- -

 41 看舞台上的大合唱时，你看不到谁的嘴？

难度系数：★★

 42 5只鸡，5天生了5个蛋。100天内要100个蛋，需要多少只鸡？

难度系数：★★★★

 43 孔子有三位徒弟子贡、子路和子游，请问哪一位不是人？

难度系数：★★★★★

 44 历史上哪个人跑的最快？

难度系数：★★★

 45 A君与B君的家均位于新兴的住宅地，相距只有一百米。此地除这两家之外，还没有其他邻居，而且也没有安装电话。现在A君想邀请B君"来家里玩"，在不去B君家邀约的情况下，以何种方法能最早通知B君？

难度系数：★★

 **答案**

- ③① 血管。
- ③② 因为阿美穿的是高跟鞋。
- ③③ 走的人名字叫全部。
- ③④ 在空中。
- ③⑤ 转过身用后腿抓。

 46 东东养的鸽子在明明家下了一个蛋，请问这个蛋应属于谁的？

难度系数：★★★★

 47 IX——这个罗马数字代表 9，如何加上一笔，使其变成偶数？

难度系数：★★★★★

 48 阿比明天要考英文，听说佛光山的菩萨有求必应，他赶忙上山烧香拜佛，求菩萨保佑他明日考试顺利通过，结果隔天英文还是考砸了，为什么？

难度系数：★★★

 49 阿昌认识了一个女孩子，对她一见钟情，得知她没有男朋友，为什么还是闷闷不乐？

难度系数：★★

 50 阿呆从热气球上掉下来，却没有受伤，为什么？

难度系数：★★★

36 警察打车。

37 闭着眼睛睡觉。

38 阿斗。因为：扶（浮）不起的阿斗。

39 莉莉。因为粒粒（莉莉）皆辛苦。

40 出神入化（粗绳入画）。

 51 阿呆开车去动物园玩，动物园很近，他的路并没有走错，为何却总到不了目的地？

难度系数：★★★

 52 张三在地上画了一条线，为什么李四却跨不过去？

难度系数：★★★★

 53 什么声音在你的身边你也听不见？

难度系数：★★★★

 54 高先生上了巴士后，不久一位老年人也上了车。当时车厢内客满，没有任何空位。那位老先生就站在高先生的旁边，可是年轻的高先生一点也没有要让座的意思，此时距离老先生要下车的站还有好长一段路程。你能想象到底是怎么一回事吗？

难度系数：★★★

 55 你能用6枚硬币摆出一个长方形吗？

难度系数：★★★★

 答案

41 指挥者。

42 依然是五只鸡。

43 子路，因为指鹿为马（子路为马）。

44 曹操。原因：说曹操曹操到。

45 他只要大声吼叫就可以了。

 56 麒麟到了北极会变成什么？

难度系数：★★★

 57 铅笔姓什么？

难度系数：★★★★★

 58 人们见到的什么东西最多？

难度系数：★★★

 59 茉莉花、太阳花、玫瑰花哪一朵花最没力？

难度系数：★★★★★

 60 阿丁做起事来总是拖泥带水，为什么却从没被长官处罚过？

难度系数：★★

46 鸽子的。

47 前面加 S，SIX 是 6 的意思。

48 因为菩萨看不懂英文。

49 女孩结婚了。

50 热气球还没起飞。

 61 阿发仔的长相和家人很相像，但大家都说阿发仔不是他们的孩子，为什么？

难度系数：★★★★

 62 什么东西干净时黑，脏时白？

难度系数：★★★

 63 什么东西可以给你用来等待明天？

难度系数：★★★★

 64 什么动物头像大象，脚也像大象，但不是大象？

难度系数：★★

 65 什么动物有口没有牙，有脚不会爬？

难度系数：★★★★

 答案

51 他已经开过了。

52 因为那条线画在墙边。

53 自己打呼噜的声音。

54 高先生是那辆巴士的司机。

55 把6枚硬币整齐叠放在一起，再从侧面看就是一个长方形。

 66 阿辉从来不念书，为何也能成为全校的模范生？

难度系数：★★★★★

 67 阿火在考试时全部答对，为什么却没得到满分？

难度系数：★★★★

 68 阿里巴巴和四十大盗的故事是东方夜谭还是
西方夜谭？

难度系数：★★★★

 69 阿美每天早上都挤八点的公车去上学，今天
她挤上车后恰好有一空位，阿美坐上去后不知
不觉地就睡着了，突然一觉醒来，发现全车除
了她空无一人，但车子还在前进，为什么？

难度系数：★★★★

 70 什么军最厉害？

难度系数：★★

56 冰淇淋。原因：冰淇淋（冰麒麟）。

57 萧。原因：削（萧）铅笔。

58 光。

59 茉莉花。原因：好一朵美丽（没力）的茉莉花。

60 他是个建筑工人。

聪明人爱玩的一〇〇一个脑筋急转弯

 71 什么人比变形金刚更厉害？

难度系数：★★★

 72 什么人的手上有 6 个指？

难度系数：★★★

 73 什么人买到坏的东西不生气？

难度系数：★★

 74 阿美在事业并没有什么成就，为什么也有女强人的外号？

难度系数：★★★★

 75 阿明给蚊子咬了一大一小的包，请问较大的包，是公蚊子咬的，还是母蚊子咬的？

难度系数：★★★

 答案

61 因为他是爸爸。

62 黑板。

63 枕头和床。

64 小象。

65 刚出生不久的婴儿。

 76 阿忠在放哨时，明明看到敌人来了，为什么他却睁一只眼闭一只眼？

难度系数：★★

 77 爱吃零食的小王体重最重时有 50 公斤，但最轻时只有 3 公斤，为什么？

难度系数：★

 78 把什么打破了不会受到处分而会得到奖励？

难度系数：★★

 79 什么人整天高高在上？

难度系数：★★★

 80 什么人最不记仇？

难度系数：★★★

答案

- 66 他是聋哑生。
- 67 因为考的是是非题。
- 68 都不是，是天方夜谭。
- 69 车子抛锚了，司机和乘客都在下面推车。
- 70 冠军。

 81 什么人最不适合在加油站工作？

难度系数：★★★★★

 82 什么人最高？

难度系数：★★★

 83 把针掉进海里了怎么办？

难度系数：★★★

 84 爸爸答应汉森，只要考试及格，就奖励 10 元钱，可为什么汉森还是不及格？

难度系数：★★★

 85 爸爸丢了一样东西，为什么妈妈还特别高兴？

难度系数：★★★★

 答案

71 变形金刚的设计者。

72 戴了一个戒指的人。

73 废品收购者。

74 因为她常常强人所难。

75 公蚊子是不咬人的。

 86 爸爸买了一支笔，却不能写字，为什么？

难度系数：★★★★

 87 什么事情一定要用 2 只手才能做到？

难度系数：★★★

 88 什么植物和动物很像鸡？

难度系数：★★★★★

 89 什么字又大又小？

难度系数：★★★★★

 90 是什么原因使小明认为月亮比日本离我们

更近？

难度系数：★★★★

76 他正在瞄准。

77 三公斤是他刚出生的时候。

78 纪录。

79 飞行员。

80 患有严重健忘症的人。

 91 爸爸什么时像个孩子？

难度系数：★★★

 92 爸爸要小明背论语，他两秒钟就背完了，难道小明是天才吗？

难度系数：★★★★

 93 百货公司里，有个秃头的推销员，正在促销生发水，你知道他为什么自己不用生发水呢？

难度系数：★★★★

 94 班长告诉菜鸟，当拉开手榴弹的保险之后，口中先数五秒再投掷出去，菜鸟一切都按班长指示动作，但仍被炸死了，为什么？

难度系数：★★★★★

 95 包公的脸为什么是黑的？

难度系数：★★★★★

 答案

81 油腔滑调（油枪滑掉）的人。

82 顶天立地的人。

83 再去买一根。

84 为了给爸爸省钱。

85 他丢掉了坏习惯。

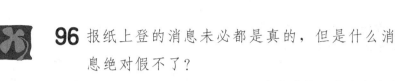

 96 报纸上登的消息未必都是真的，但是什么消息绝对假不了？

难度系数：★★★★★

 97 贝多芬给了我们什么样的启示？

难度系数：★★★★★

 98 比细菌还小的是什么？

难度系数：★★★★

 99 闭着眼睛也看得见的是什么？

难度系数：★

100 兵强马壮的城市是哪里？

难度系数：★★

----

86 是电笔。

87 握手。

88 树和马，因为树马（数码）相机。

89 尖。

90 因为他可以看见月亮，却看不见日本。

 101 病患在什么地方最没痛苦？

难度系数：★★

 102 谁无私哺育了许多人？

难度系数：★★★★

 103 谁最了解鸟类？

难度系数：★★★★★

 104 为什么蚕宝宝很有钱？

难度系数：★★★★★

 105 不管长得多像的双胞胎，都会有人分得出来，这人是谁？

难度系数：★

91 在爷爷面前。

92 不，因为他只背了"论语"两个字。

93 他想让大家知道秃头多么难看。

94 因为菜鸟有口吃。

95 因为额头上有个月亮，月亮都是晚上出来。

 106 不会讲外语的大明和不会讲中文的外国人有说有笑，他是怎么办到的？

难度系数：★★★★★

 107 不小心打破妈妈最喜欢的花瓶，该怎么办？

难度系数：★★

 108 不孕症妇女的孩子，会不会遗传她的不孕症？

难度系数：★★★★

 109 猜猜看：今年圣诞夜，圣诞老人第一件放进袜子里的是什么东西？

难度系数：★★★★

 110 什么东西可以洗，不能晒，可以吃，不能吞？

难度系数：★★★★★

答案

----

96 日期。

97 背了就会多分。

98 细菌的儿子。

99 梦。

100 武昌。

 111 怎样使麻雀安静下来？

难度系数：★★★★★

 112 周瑜与诸葛亮的母亲分别姓什么？

难度系数：★★★★★

 113 做什么事要无中生有？

难度系数：★★★

 114 菜单里为啥没有肉？

难度系数：★★★★

 115 参加联考时，除了准考证之外，最重要的是什么？

难度系数：★★

101 别人身上。

102 母牛。

103 惊弓（惊弓之鸟）。

104 因为蚕会结茧（节俭）。

105 他们自己。

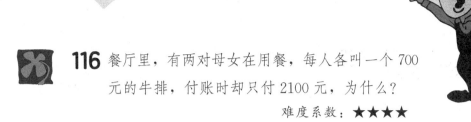

 116 餐厅里，有两对母女在用餐，每人各叫一个700元的牛排，付账时却只付2100元，为什么？

难度系数：★★★★

 117 长胡子的山羊是母羊还是公羊？

难度系数：★★★

 118 常把手伸向别人包里的人，为什么却不是小偷？

难度系数：★★★★★

 119 车祸发生不久，第一批警察就赶到了现场，他们发现司机完好无损，翻倒的车子内外血迹斑斑，却没有见到死者和伤者，而这里是荒郊野外，并无人烟，这是怎么回事？

难度系数：★★★★★

120 陈先生走在路上，眼前有一张百元大钞，他明明看见了，为什么不去捡？

难度系数：★

106 他们俩讲哑语。

107 赶快假装昏倒。

108 不孕症妇女根本就生不出孩子。

109 他自己的脚。

110 麻将。

 121 吃饭的时候最扫兴的是什么？

难度系数：★★

 122 吃苹果时，咬了一口发现有一条虫子，觉得特别恶心；看到两条虫子，觉得更恶心；请问：看到几条虫子让人最恶心？

难度系数：★★★

 123 出去的时候光着身子，回到家才穿上衣服的是什么？

难度系数：★★★★

 124 除了变色龙以外，什么动物最擅长伪装术？

难度系数：★★

 125 除了大猩猩外，何种动物最接近于人类？

难度系数：★★★★

 答案

111 压它一下（鸦雀无声——压雀无声）。

112 既、何。因为"既"生瑜，"何"生亮。

113 搞发明。

114 菜单里只有图文。

115 记得起床。

 126 除了火车以外，世界上什么车最长？

难度系数：★★★

 127 楚楚的生日在三月三十日，请问是哪年的三月三十日？

难度系数：★★

 128 此字不难猜，孔子猜三天，请问是何字？

难度系数：★★★★

 129 刺杀林肯的子弹从哪儿来？

难度系数：★★★

 130 从飞机上掉下的东西打着了人，人却没有受伤，为什么？

难度系数：★★★★★

116 这两对母女是外婆、妈妈、女儿。

117 山羊无论公母都长胡子。

118 海关检查员。

119 因为这是一辆献血车。

120 那张百元大钞票拿在别人手里。

 131 从来没见过的爷爷，他是什么爷爷？

难度系数：★★★★

 132 从前，遍地是金的山是什么山？

难度系数：★★

 133 从事什么职业的人容易在短时间反复改变主意？

难度系数：★★★★★

 134 从天上飞机里跳出来，最怕遇见什么？

难度系数：★

 135 从一写到一万，你会用多少时间？

难度系数：★★★★

答案

121 没做饭。

122 半条虫子。

123 衣架。

124 人。

125 寄生在人身体上的寄生虫。

 136 聪明人比一般人多了个什么？

难度系数：★★

 137 促膝而谈是什么物理理论？

难度系数：★★★★

 138 打什么东西既不花力气又舒服？

难度系数：★★★

 139 大部分人出生在什么地方？

难度系数：★★★

 140 大多数人是用左手端碗，右手吃饭，对吧？

难度系数：★★★★

 答案

126 堵车。

127 每年的三月三十日。

128 晶。

129 从枪口里出来。

130 跳伞的人被自己的伞打了。

 141 大富翁快要死了，却担心不成器的儿子坐吃山空，他该怎么办才好？

难度系数：★★★★★

 142 大家都看见地上有张 100 元的钱，为什么没有捡？

难度系数：★★★

 143 大伟在电影最精彩的时候却去上厕所，为什么？

难度系数：★★★★

 144 大象的左耳朵像什么？

难度系数：★

 145 大熊猫一生中的最大遗憾是什么？

难度系数：★★★★★

 答案

131 老天爷。

132 旧金山。

133 列队的教官。

134 忘带降落伞。

135 最多 5 秒，10000。

 146 歹徒抢劫 MTV 店，朝店主开了一枪，店主情急之下抽出一卷影带挡，居然平安无事，为什么？

难度系数：★★

 147 袋鼠与猴子比赛跳高。为什么还没开始跳，袋鼠就输了？

难度系数：★★★★★

 148 戴维一家五口外出旅游，说好一人带一瓶饮料，可戴维坚持只带 4 瓶可口可乐，为什么？

难度系数：★★

 149 胆小鬼吃什么可以壮胆？

难度系数：★★★★

 **150** 蛋要怎么买，才不会买到里面已经孵出了小鸡的蛋？

难度系数：★★★

---

136 心眼。

137 相对论。

138 打瞌睡。

139 产床上。

140 不对，是用嘴巴吃饭。

 151 当今社会，个体户大都靠什么吃饭？

难度系数：★★

 152 有一只鹦鹉，它的两只脚各系有一条小铁链。如果拉一下它左脚上的链子，它就会说话；如果拉一下它右脚上的链子，它就会唱歌；那如果同时拉这两条铁链子的话，鹦鹉会怎样呢？

难度系数：★★

 153 越高越小的东西是什么？

难度系数：★★★★

 154 在印度，男性不可以和他遗孀的姐姐或者妹妹结婚。为什么？

难度系数：★★★★

 155 怎样开车才不容易撞坏车头？

难度系数：★★★

141 规定他们以后站着吃。

142 那是阴币。

143 因为他没有去看电影。

144 大象的右耳朵。

145 没有彩色照片。

156 怎样让鸟儿不会飞走？

难度系数：★★★★★

157 当你捏住你的鼻子时，你会看不到什么呢？

难度系数：★

158 当你向别人夸耀你的长处的同时，别人还会知道你的什么情况？

难度系数：★★

159 导演招收演员，考题是《黑夜归来》。该怎样做才能很容易被录取呢？

难度系数：★★★

160 地球末日来临。地球上最后一位男人正坐在书桌前写遗书，突然听到敲门声，是幽灵，外星人，动物吗？全都不是。更不是因风或石子等无生命的东西发出的声音，那么是谁发出的敲门声呢？

难度系数：★★★

- -

146 歹徒拿的是水枪。

147 袋鼠双脚起跳犯规。

148 还有一瓶是汽水或可乐以外的其他饮料。

149 狗胆。因为狗胆包天。

150 买鸭蛋。

- -

 161 地球上哪一部分绝对照不到太阳？

难度系数：★★★★★

 162 为什么帽子脏了要翻面再戴？

难度系数：★★★★

 163 现在住在秘鲁的日本移民，即使家属提出希望

也不能将其埋葬在秘鲁的土地上？为什么？

难度系数：★★★

 164 象皮、老虎皮、狮子皮哪一个最不好？

难度系数：★★★★★

 165 小白加小白等于什么？

难度系数：★★★★★

 答案

151 嘴。

152 它就会栽下来。

153 飞机。飞机飞越高看上去越小。

154 本人已经死了，所以当然就不可能结婚了。

155 倒着开。

 166 小刚把一个鸡蛋扔到 20 米远的地方，鸡蛋却没有破碎，这是为什么？

难度系数：★★★★★

 167 小华今年考了全班第 5 名，为什么比去年考第 3 名还要高兴？

难度系数：★★★★

 168 地球上什么东西每天要走的距离最远？

难度系数：★★★★★

 169 地上有三只小鸟，打死一只，还剩几只？

难度系数：★

 170 地震的时候什么地方最安全？

难度系数：★★★★

答案

🔢 **156** 给它插一只翅膀（插翅难飞）。

🔢 **157** 当然是你自己的鼻子。

🔢 **158** 不是哑巴。

🔢 **159** 做个拉灯的动作。

🔢 **160** 女人。

 171 第一次世界大战是在何时发生？

难度系数：★★★★★

 172 第一个登上月球的中国姑娘是谁？

难度系数：★★★

 173 电车时速 80 公里，向北行驶。有时速 20 公里的东风，请问电车的烟，朝哪个方向吹？

难度系数：★★★★

 174 电和闪电最大的区别是什么？

难度系数：★★★★

 175 电话声大作，却不见小华和哥哥去接电话，这是怎么回事？

难度系数：★★★

 答案

161 任何地方都照不到太阳，因为地球不发光。

162 张冠李戴（脏冠里戴）。

163 因为还活着，不能埋葬。

164 象皮。原因：橡皮擦（象皮差）。

165 等于小白兔。原因：小白 Two。

 176 小明的成绩不算差，却读了 3 年的 2 年级，这是怎么回事？

难度系数：★★★★★

 177 小当拿到考卷，看了一会，发现什么最容易写？

难度系数：★★

 178 小刚上课经常回头看，老师见了却从来不说他，为什么？

难度系数：★★★★

 179 星星、月亮、太阳哪一个是哑巴？

难度系数：★★★★

 180 猩猩最讨厌什么线？

难度系数：★★★★★

---

166 因为鸡蛋在离地 20 米远的地方还没有落地。

167 去年考试他作弊了。

168 地球（自转一周）。

169 一只。

170 飞机上。

 181 电脑与人脑有什么不同？

难度系数：★★★★★

 182 电梯除了比楼梯省时省力之外，最大的好处是什么？

难度系数：★★★★

 183 电梯中挤满了人，上升不久后突然下坠，为什么没人受伤？

难度系数：★★★

 184 电影院内禁止吸烟，而在剧情达到高潮时，却有一男子开始抽烟，整个银幕笼罩着烟雾。但是，却没有任何一位观众出来抗议，这是为什么？

难度系数：★★★

 185 小刚拿着块石头向玻璃砸去，玻璃却没碎。为什么？

难度系数：★

 答案

171 亚当与夏娃打架的时候。

172 嫦娥。

173 电车是没有烟的。

174 一个收费，一个不收费。

175 因为那是电视广告。

 186 冬冬的爸爸牙齿非常好，可是他经常去口腔医院，为什么？

难度系数：★★★

 187 冬天，宝宝怕冷，到了屋里也不肯脱帽。可是他见了一个人乖乖地脱下帽，那人是谁？

难度系数：★★★★

 188 动物园的大象死了，为什么管理员哭得那么伤心？

难度系数：★★★★★

 189 动物园里，小明紧挨着老虎合影留念，老虎却没有咬他，为什么？

难度系数：★★

190 动物园中，大象鼻子最长，鼻子第二长的是什么？

难度系数：★★★

 答案

176 他读了小学2年级，中学2年级，大学2年级。

177 姓名。

178 小刚坐在第一排，老师经常站在第二排。

179 星星。因为《鲁冰花》歌中有一句"天上的星星不说话"。

180 平行线。原因：平行线没有相交（香蕉）。

 191 读完北京大学最快要多长时间?

难度系数：★★★★

 192 儿子很有音乐天分，父亲买了一把吉他送给他。儿子天天抱着吉他边弹边唱，可是父亲却很不高兴，不久便把吉他收回来，另外送给儿子一个口琴。这是为什么？

难度系数：★★★

 193 二十世纪最出风头的超级巨星是哪一位？

难度系数：★★★★★

 194 两位爸爸、一个儿子同处一室，三人合计却是九只手，为什么？

难度系数：★★★★

 195 芳芳在学校门口将学生证掉了，她该怎么办？

难度系数：★★★

 答案

181 电脑可以搬家，而人脑不行。

182 万一跌倒不会一路滚下去。

183 全部死亡。

184 因为那男子是电影里的人物。

185 没砸到。

196 房间里有十根点着的蜡烛，被风吹灭了九根，第二天还剩几根？

难度系数：★★★

 197 放大镜不能放大的东西是什么？

难度系数：★★★

 198 放烟火时为什么不会射到星星？

难度系数：★★★★★

 199 飞得最高的动物是什么？

难度系数：★★★

 200 飞行员从来不吃哪一种食物？

难度系数：★★★★★

 答案

186 他是牙科医生。

187 理发师。

188 他想到要挖那么大一个坑，就……

189 那是只假老虎。

190 小象。

 201 夫妻结婚不久，丈夫就去当兵了，几年之后，妻子生了个儿子。有一天，妻子对儿子说爸爸就要回来了！让儿子和自己一起去机场接他的爸爸，一会飞机上下来了三个人，儿子冲上去就喊："爸爸！"为什么儿子能认出来？

难度系数：★★★

 202 福尔摩斯花了半天时间，却查不出命案现场有任何线索及目击者，但他随即就宣布破案了，为什么？

难度系数：★★★

 203 盖楼要从第几层开始盖？

难度系数：★

 204 刚买的袜子为什么会有一个洞？

难度系数：★★

 205 刚念幼儿园的皮皮才学英文一个月却能毫无困难地和外国人交谈，为什么？

难度系数：★★★

 答案

191 念"北京大学"四个字的时间。

192 儿子虽然有音乐天分，但唱歌的声音太难听了。

193 海尔波普彗星，千年才见一次。

194 祖孙三代同是扒手。

195 捡起来。

 206 羊打电话给老鹰，老鹰接起电话说"喂"，猜一成语。

难度系数：★★★★★

 207 要使水成为冰，最快的做法是什么？

难度系数：★★★★

 208 刚上幼儿园第一天的小红，从来没学过数学，但老师却称赞她的数学程度是数一数二的，为什么？

难度系数：★★★★

 209 有人骑自行车骑了很久，但周围的景物始终没有变化。为什么？

难度系数：★★★

 210 哥伦布踏上新大陆第一步后做的事情是什么？

难度系数：★★★

答案

196 九根。

197 不能放大任何东西，只是看起来大。

198 因为星星会闪。

199 人，他们飞到过月球。

200 醉鸡（坠机）。

 211 给你一本杂志和一个火柴盒，你能使杂志只有三分之一放在桌边而不掉落下来吗？

难度系数：★★★★

 212 给一位耳聋的残疾人安装一部铃一响就发光的电话机，但这电话机仍然对他毫无用处，为什么？

难度系数：★

 213 公车来了，一位穿长裙的小姐投了8块钱，司机让她上车，第二位穿迷你裙的小姐投了8块钱，司机也让她上车，第三位小姐没投钱，司机还是让她上车，为什么？

难度系数：★★★

 214 公共汽车上，两个人正在热烈地交谈，可围观的人却一句话也听不到，这是因为什么？

难度系数：★★★

 215 狗的儿子跟龙的儿子，有几点差异？

难度系数：★★★★★

 答案

201 因为其余两个是女的。

202 因为凶手自首了。

203 是从地基开始的。

204 袜口。

205 外国人用汉语与他交谈。

 216 黑人不必担心哪一件事？

难度系数：★★

 217 姑妈送给小花一只小猫，这只小猫没有死掉，也没有跑掉，小花也没有把它送人，为什么三个月后姑妈来小花家没有看见小猫？

难度系数：★★★

 218 古今中外的伟人，都有的共同点是什么？

难度系数：★★★

 219 刮风的晚上，停电了，晓晓上床睡觉时忘了吹蜡烛，第二天醒来时，蜡烛居然还有很长一支没有燃完，怎么回事呢？

难度系数：★★

 220 观音为什么要坐在金童玉女的中间而不坐在旁边呢？

难度系数：★★★

答案

206 阳奉阴违（羊 Phone 鹰 "喂"）。

207 在 "水" 字的左边加两点成为 "冰"。

208 因为他只会数一数二的。

209 因为他骑的健身车。

210 迈第二步。

 221 龟兔赛跑总是龟赢，兔子应该坚持比哪一项目，才能赢得了乌龟？

难度系数：★★★

 222 龟兔又赛跑了，这次兔子没有偷懒、贪玩，但是这次兔子还是输了，为什么？

难度系数：★★★

 223 好心的约翰去世了，天使要带他上天堂，为什么他坚决不肯去？

难度系数：★★★

 224 喝可乐可以再来一罐，买洗衣粉也可以买大送小，那请问什么店不能买一送一？

难度系数：★★★★

 225 喝牛奶时用哪只手搅拌会比较卫生？

难度系数：★★★★

答案

211 把杂志掀开三分之一放在桌边，自然就不会掉下来了。

212 耳聋不能打电话。

213 她用车票。

214 这是一对聋哑人。

215 一点（犬子，太子）。

 226 喝什么东西可以让人变成鬼？

难度系数：★★★

 227 河上有2座桥，一高一低，这2座桥都被接连而来的3次洪水淹没了。高桥被淹了3次，低桥反两只被淹了1次，这是为什么？

难度系数：★★★★

 228 黑笔如何能够写出红字？大家知道写的字是"红"。但是，不用这种方法，如何写出白字来？

难度系数：★★★★

 229 黑鸡厉害还是白鸡厉害，为什么？

难度系数：★★★★★

 230 黑人为什么喜欢吃白色巧克力？

难度系数：★★★

216 晒黑。

217 它已长成大猫了。

218 都是妈妈生的。

219 被风吹熄了。

220 因为怕他们谈恋爱。

 231 猴子每分钟能掰一个玉米，在果园里，一只猴子5分钟能掰几个玉米？

难度系数：★★★

 232 狐狸精最擅长迷惑男人，那么什么精男女一起迷？

难度系数：★★★

 233 张先生有个本领，那就是能让见到他的人，都会自动手心朝上。这是怎么回事？

难度系数：★★★★

 234 化妆品可以使女人的脸变得美丽，可是会使哪些人的脸变得非常难看？

难度系数：★★★

 235 画一个圆圈，这个圆圈画在哪里我们永远也跳不出去？

难度系数：★★★

 答案

221 仰卧起坐。

222 乌龟把终点设在了海里。

223 他有恐高症。

224 棺材店。

225 用哪只手都不卫生，还是用勺子好。

 236 怀孕的母狗怕人踢它，可是有个家伙踢它，它既不躲避也不生气，为什么？

难度系数：★★

237 患者张开嘴巴之后，牙医吓了一跳说："哇！你的牙齿蛀了好大一个洞！一个洞！"请问他为什么要说两遍呢？

难度系数：★★★★★

 238 黄河的源头在哪儿？

难度系数：★★★★★

 239 黄皮肤的人是黄种人，绿皮肤的人属于那一种？

难度系数：★★★★

 240 黄先生对于找寻失物非常厉害，再细微的东西丢失了，他都可以找得出来。但是有一次他丢了一件东西却不能一下子就找出来，为此大伤脑筋呢！他到底丢了什么东西？

难度系数：★★★★★

 答案

---

226 酒。酒鬼。

227 水退后高桥露出来，而低桥一直淹着。

228 白字就是错别字。

229 黑鸡，黑鸡会生白蛋，白鸡不会生黑蛋。

230 怕把自己的手咬到。

 241 火柴盒内只剩一根火柴棒。A先生想点亮煤油灯，使煤炉起火并烧热水的话，应该先点何物较佳？

难度系数：★★★

 242 鸡鹅赛跑，鸡比鹅跑得快，为什么鹅先到终点？

难度系数：★★★

 243 几个学生排队上校车。4个学生的前面有4个学生，4个学生的后面有4个学生，4个学生的中间也有4个学生。请问一共有几个学生？

难度系数：★★★★

 244 既没有生孩子、养孩子，也没有认干娘，还没有认领养子养女就先当上了娘，请问：这是什么人？

难度系数：★★★

 245 既认识自然又能随便改造自然的人是谁？

难度系数：★★★

231 一个也没有掰到，因为果园里没有玉米。

232 酒精。

233 因为他是个中医。

234 付钱的男人。

235 画在自己身上。

 246 佳佳和小猫玩得正高兴，突然她看见小猫越来越小了，为什么？

难度系数：★

 247 小红说他能轻而易举跨过一棵大树，他是怎么跨过的呢？

难度系数：★

 248 家里又脏又乱，怎样才能在最短时间内弄干净？

难度系数：★★★

 249 家有家规，国有国规，那动物园里有啥规？

难度系数：★★★

 250 家在北京的老王想去上海，要花多少钱？

难度系数：★★★★

----

236 因为小狗在它的肚子里踢。

237 因为那是回音。

238 天上。"黄河之水天上来"。

239 新品种。

240 他丢的是隐形眼镜。

 251 甲跟乙打赌："我可以咬到自己的右眼。"乙不信，甲把假的右眼拿下来放在嘴里咬了五下。甲又说："我还可以咬到自己的左眼。"乙仍然不信，结果，甲又赢了，他是怎么做到的？

难度系数：★★★★

 252 甲偷用了乙的牙刷，乙有Ｂ型肝炎，为什么甲却没有被传染？

难度系数：★★★

 253 甲乙两位仇人以喝毒酒决定生死，为什么乙选了没毒的酒却死了？

难度系数：★★★★

 254 江家有三个女儿，大女儿、二女儿、三女儿。谁的身材最辣？

难度系数：★★★★

 255 将要来却永远来不了的是什么？

难度系数：★★★

 答案

241 火柴棒。

242 鸡跑反了方向。

243 8个。

244 新娘。

245 画家。

 256 教室中为什么要有讲台？

难度系数：★★★★

 257 街上那么多的人是从哪来的？

难度系数：★★★

 258 借什么可以不还？

难度系数：★★★

 259 今天卖报的老吴卖了 100 份报纸，但只收入几毛钱，为什么？

难度系数：★★

 260 今天上午只上半天课，学生为什么还不高兴？

难度系数：★★★

 答案

246 小猫离佳佳越来越远了。

247 一棵被伐倒的树。

248 闭上眼睛，眼不见为净。

249 乌龟。

250 只是想，不用花钱。

261 今天我吃了：3头猪；3头牛；5头羊；7条大鱼，可为什么不一会儿肚子又饿了？

难度系数：★★★

262 进动物园后，最先看到的是哪种动物？

难度系数：★★★★

263 经理不会做饭，可有一道菜特别拿手，是什么？

难度系数：★★★★

264 晶晶洗澡时，每次都有从洗澡水里拿东西往嘴里塞的习惯，而且奇怪的是，她还不断称赞好吃。请问她在吃什么？

难度系数：★★★★★

265 警察面对两名歹徒，但他只剩下一颗子弹，他对歹徒说：谁动就打谁，结果没动的反而挨子弹，为什么？

难度系数：★★★★★

251 他把假牙拿下来咬左眼。

252 甲拿去刷皮鞋了。

253 被甲打死了。

254 大女儿，因为姜还是老的辣。

255 明天。

266 开往宁波的轮船边上挂了一架软梯，离海面 15 米，海水每小时上涨 15 厘米，几小时后海水会淹没软梯？

难度系数：★★★

 267 考试时最应注意什么？

难度系数：★★

 268 考试做判断题，小花掷骰子决定答案，但题目有 20 题，为什么他却扔了 40 次？

难度系数：★★★

 269 蝌蚪没有尾巴，成了青蛙。如果猴子没有尾巴，是什么？

难度系数：★★★

 270 可以天天躺在枕头上工作一辈子的是什么？

难度系数：★★★★★

----

256 提高老师的地位。

257 各自的家中。

258 借光。

259 他卖的是旧报纸。

260 下午还有半天课。

 271 空着肚子能吃几个鸡蛋？

难度系数：★★★★★

 272 孔子和孟子的儿子有什么不同？

难度系数：★★★★★

 273 口吃的人做什么事最亏？

难度系数：★★★

 274 兰兰经过某市时，正巧那里发生了大地震，为什么兰兰却安然无恙呢？

难度系数：★★★★★

 275 浪费掉人的一生的三分之一时间的会是什么东西？

难度系数：★★★

 答案

261 因为吃的是动物饼干。

262 人。

263 炒鱿鱼。

264 枣。澡和枣同音。

265 因为不动的比较好打。

 276 老陈卖的明明是真药而不是假药，为什么会被判重刑？

难度系数：★★★★★

 277 老大和老幺之间隔着三兄弟，虽是同年同月同日生，却一点也不相像，为什么？

难度系数：★★★★★

 278 老李带婴儿去喝酒，居然还让婴儿喝了三大杯啤酒，旁边的人为什么都不劝阻或责骂？

难度系数：★★★★

 279 老李刚理完发，便要求理发师将他的头发"中分"，理发师却说做不到，为什么？

难度系数：★★★

 280 老李站在马路上指手画脚，却不见警察来赶他，为什么？

难度系数：★★★

---

(266) 水涨船高软梯永远不会淹。

(267) 监考老师。

(268) 他要验证一遍。

(269) 仍是猴子。

(270) 铁轨。

281 老刘一个人在屋里睡觉，醒来时为什么屁股上竟然出现了深深的牙印？

难度系数：★★★★

282 老师出了一道作文，题目是"假如我是个董事长"，同学都用心在写，为什么小强不动手？

难度系数：★★★

283 老师给萨姆布置了一篇作文，题目是：什么是懒惰。萨姆用最简短的文字写下了这篇作文，他是怎么写的？

难度系数：★★★★

284 老师说蚯蚓切成两段仍能再生，小东照老师的话去做，蚯蚓却死了，为什么？

难度系数：★★★

285 老王的头发已经掉光了，可为什么他还老去理发店？

难度系数：★★★

271 一个，因为再吃的时候就不是空着肚子了。

272 孔子把儿子牵在身边，而孟子把儿子放在头上！

273 打长途电话。

274 她坐飞机路过。

275 床。

 286 老王很有钱，可别人说他是个奴隶，为什么？

难度系数：★★★★

 287 老赵天天掉头发，什么办法都用了，只有一种办法使他永远不掉头发。是什么办法呢？

难度系数：★

 288 老张不小心吞了一枚金币，为什么到十年后才去手术取出来呢？

难度系数：★★★

 289 老张是出了名的拳手，为什么一戴上拳击手套反而让对手三下两下打下台去了？

难度系数：★★★

 290 离婚的主要起因是什么？

难度系数：★★★

276 他走私炸药。

277 他们是手指头。

278 婴儿是那个人的外号。

279 理发师给老李理了光头。

280 老李是警察。

 291 离你最近的地方是哪?

难度系数:★★★

 292 李伯伯一共有7个儿子,这7个儿子又各有一个妹妹,那么,李伯伯一共有几个子女?

难度系数:★★

 293 李大叔在马车上套了一匹马赶路,走了几公里路嫌太慢,又套了一匹马。可套上这匹马以后,两匹马却怎么也拉不动这辆马车,为什么?

难度系数:★★

 294 李东对张南讲,他昨天刚出差到广州,晚上给家里打电话时妻子问他是不是把家里信箱钥匙带走了,他一找,果然是的。今天他赶紧把钥匙放在信封里寄了回去。张南一听,骂李东是笨蛋。你说这是为什么?

难度系数:★★★★

 295 李红每次赛跑都是倒数第一,这次却是正数第一,为什么?

难度系数:★

 答案

281 他坐在自己的假牙上了。

282 他在等秘书替他写。

283 这就是懒惰。

284 小东是竖着将蚯蚓切开的。

285 老王是理发师。

 296 理发师最不喜欢的人是谁?

难度系数：★★

 297 梁山伯和祝英台变成了一对比翼双飞的蝴蝶之后怎样了?

难度系数：★★★★

 298 两个身高、体重相当的小朋友在玩跷跷板，你猜结果会如何?

难度系数：★★★

 299 两人同时过一条又深又急的河，却只有一独木舟。独木舟一次只能载一个人，没有船夫，不能泅渡，没有桥，怎么过去的?

难度系数：★★★★

 300 亮亮语文和数学共考了 200 分，结果静静得了第一，为什么?

难度系数：★★★

 答案

286 老王是个守财奴。

287 剃光。

288 因为当时不急着用钱。

289 他是划酒拳的高手。

290 结婚。

 301 邻居老李家的屋顶为什么有时漏雨，有时不漏雨？

难度系数：★★

 302 林老大手术后换了一个人工心脏。病好了后，她的女友却马上提出分手，为什么会这样？

难度系数：★★★★

 303 流浪了50多年的流浪汉，有一天突然不流浪了，为什么？

难度系数：★★★

 304 六岁的小明总是喜欢把家里的闹钟整坏，妈妈为什么总是让不会修理钟表的爸爸代为修理？

难度系数：★★★

 305 鲁智深倒拔垂杨柳后说的第一句话是什么话？

难度系数：★★★

 答案

291 脚下。

292 8个子女，妹妹最小。

293 李大叔在相反方向又套了一匹马，两车抵消。

294 因为钥匙被投到信箱里了，还是拿不到。

295 只她一人。

306 路边电线杆上蹲着一只猴子，司机小李看到就立刻停下车来，请问为什么？

难度系数：★★★

 307 萝卜喝醉了，会变成什么？

难度系数：★★★

 308 妈妈叫小民去拿碟子来装菜，小民拿来了，却被骂了一顿，为什么？

难度系数：★★★

 309 妈妈最讨厌哪种鸭蛋？

难度系数：★★

 310 马亚买了新音响，电源开了，录音带也放了，为什么没有声音呢？

难度系数：★★

答案

296 秃头的人。

297 生了一堆毛毛虫。

298 玩得很开心。

299 他们分别在河的两边。

300 他们不在同一个班。

 311 马要如何过河？

难度系数：★★★★

 312 马在什么地方不用四条腿照样可以走？

难度系数：★★★

 313 蚂蚁、蜜蜂和蜈蚣，哪一种昆虫最不贪钱？

难度系数：★★★★★

 314 买来煮了它，煮好丢了它，这东西是什么？

难度系数：★★★

 315 买一双高级女皮鞋要214元5角6分钱，请问买一只要多少钱？

难度系数：★★★

 答案

301 因为雨天漏雨，晴天不漏雨。

302 没有真心爱她。

303 他死了。

304 妈妈让爸爸修理小明。

305 中国话。

 316 迈克尔·杰克逊为什么要去做漂白手术？

难度系数：★★★★★

 317 卖水的人看到河会怎么想？

难度系数：★★★

 318 满满一杯啤酒，怎样才能先喝到杯底的酒？

难度系数：★★

 319 曼谷市正处于雨季。某天半夜 12 点钟，下了一场大雨。问：过 72 小时，当地会不会出太阳？

难度系数：★★★

 320 盲人都是怎么吃橘子的？

难度系数：★★★

306 他把猴子屁股当红灯了。

307 红萝卜。

308 他拿的是光碟。

309 考卷上的。

310 停电了。

 321 没有人类及动物居住的地球是什么呢？

难度系数：★★★

 322 每对夫妻在人生中都有一个绝对的共同点，那是什么？

难度系数：★★★★

 323 每隔1分钟放1炮，10分钟共放多少炮？

难度系数：★★

 324 美丽的公主结婚以后就不挂蚊帐了，为什么？

难度系数：★★★★

 325 米奇吃下了药，但忘了把药摇匀，达不到最佳效果，他该如何补救？

难度系数：★★★★

 答案

311 走"日"字步。

312 棋盘上。

313 蜈蚣（因为无功不受禄）。

314 草药。

315 一只不卖。

 326 明星出入公共场所，最怕遇到什么事？

难度系数：★★★

 327 摩托车为什么打不着火？

难度系数：★★★

 328 为什么哞哞叫的牛一下水游泳后就不叫了？

难度系数：★★★★★

 329 某部队弹尽粮绝的被包围了很久，空军终于赶到，却只空投了一块大石头又飞走了，为什么？

难度系数：★★★★

 330 某城市今晚的电视为什么只有图像，没有声音？

难度系数：★★

316 怕遭到不白之冤。

317 这些都是钱。

318 用吸管。

319 72 小时以后还是半夜 12 点，不会出现太阳。

320 瞎掰。

 331 某地发生了大地震，伤亡惨重，收音机里不断传出受灾情况以及寻人启事，一位老大爷一直在注意收听收音机的报道。有人问他："收音机里播放过你孙子的消息了吗？"他回答说："没有。"接着他又说："但我知道我孙子肯定平安无事。"请问为什么？

难度系数：★★★

 332 某富翁的左右邻居都养狗，一到晚上，这两条狗就吠叫不停。无法忍受这种折磨的富翁，便出搬家费一百万元，希望左右邻居搬走。的确，两个邻居是连狗一起搬家了，但是一到夜晚，富翁还是可听到完全相同的狗吠声。这是为什么？

难度系数：★★★

333 某歌星每次上台演出，总是戴着一只手套，这为什么？

难度系数：★★★★

 334 某个动物园中，有一只狮子趁管理员一时疏忽，忘记把笼子上锁的机会逃出来，在公园内窜来窜去。人们一边避险，一边找管理员，而管理员却躲到一个更安全的地方。此地为何处？

难度系数：★★★

321 地球仪。

322 就是同年同月同日结婚。

323 11 炮。

324 她嫁给了青蛙王子，青蛙吃蚊子。

325 不停地翻跟头。

 335 某人买了一辆车，两年后却以更高的价钱卖出去，为什么？

难度系数：★★★★

 336 牧师无论如何都不能主持的仪式是什么？

难度系数：★★★

 337 拿破仑指挥作战时，高喊："冲啊！"，为何所有士兵却是动也不动？

难度系数：★★★★

 338 拿什么东西不用手？

难度系数：★★★

 339 哪个连的人最多？

难度系数：★★★★

 340 哪家人最多？

难度系数：★★★

 答案

----

326 没人找他签名。

327 欠踹。

328 有勇（游泳）无谋（哞）。

329 让他们刻阵亡将士名字，作为纪念碑。

330 上演的是哑剧。

 341 哪项比赛是往后跑的？

难度系数：★★★

 342 哪一个字永远写不好？

难度系数：★★★★

 343 哪一件衣服最耐穿？

难度系数：★★★

 344 哪一颗牙最后长出来？

难度系数：★★★★

 345 哪一种草的生命力最强？

难度系数：★★★★★

 答案

331 他孙子是那个播音员。

332 两邻居互相交换房屋。

333 他总想露一手。

334 关狮子的笼子里。

 346 哪一种人占用地球表面积最小？

难度系数：★★★★

 347 哪一种人最容易走极端？

难度系数：★★★★★

 348 哪一种死法是一般死囚所欢迎的？

难度系数：★★★

 349 哪种比赛，赢的得不到奖品，输的却有奖品？

难度系数：★★★★

 350 哪种火车车厢最少？

难度系数：★★★★★

 答案

---

335 古董车。

336 自己的葬礼。

337 拿破仑说的是中文，士兵怎么听得懂。

338 拿主意。

339 大连。

340 国家。

聪明人爱玩的一○○一个脑筋急转弯

 351 哪种人希望孩子越多越好？

难度系数：★★★

 352 哪种蛇的寿命最长？

难度系数：★★★★★

 353 哪种竹子不长在土里？

难度系数：★★★

 354 那一种动物不用休息？

难度系数：★★★★

 355 奶奶没上过学，为什么会写外文？

难度系数：★★★★★

 答案

341 拔河。

342 "坏"字。

343 最不喜欢的那件。

344 假牙。

345 墙头草，风吹两边倒。

072

 356 能够使我们的眼睛透过一堵墙的是什么？

难度系数：★★★

 357 能容纳所有景物的球是什么球？

难度系数：★★★

 358 尼克考了500多分，雅克考了600多分，为什么老师认为他们的成绩不相上下？

难度系数：★★★★

 359 你不是聋子，为什么我说话你听不到？

难度系数：★★★

 360 你的爸爸的妹妹的堂弟的表哥的爸爸与你叔叔的儿子的嫂子是什么关系？

难度系数：★★★

346 芭蕾舞演员。

347 爱斯基摩人。

348 老死。

349 划拳喝酒。

350 救火车。

 361 你看不到房间里唯一的苹果。为什么？

难度系数：★★★

 362 你每天做作业时先干什么？

难度系数：★★★

 363 你能做、我能做、大家都能做，一个人能做、两个人不能一起做。这是做什么？

难度系数：★★★★★

 364 你姨妈有个姐姐，但你不叫她姨妈，她是谁？

难度系数：★★

 365 你有一艘船，船上有十五位船员，六十位乘客，三百吨货物。你能根据上面的提示，算出船主的年龄吗？

难度系数：★★★★

 答案

351 儿童用品制造商。

352 三寸不烂之舌。

353 爆竹。

354 蝙蝠。不修边幅（不休蝙蝠）。

355 会写阿拉伯数字。

 366 你在学校学到的知识越多，什么就会少？

难度系数：★★★★

 367 你在一年半的时间都不说话，这段时间你在干什么？

难度系数：★★★★★

 368 你怎么区分东南西北？

难度系数：★★★★★

 369 你知道世界上什么东西既不怕晒也不怕湿吗？

难度系数：★★★★

 370 你知道一个人的小腿应该有多长？

难度系数：★★★★★

答案

356 窗户。

357 眼球。

358 尼克考了 6 门，雅克考了 7 门。

359 因为不在同一个地方。

360 亲戚关系。

 371 你知道最大的捐血中心由谁负责吗？

难度系数：★★★★

 372 牛的舌头和尾巴在什么时候遇在一起？

难度系数：★★★

 373 女人在不知不觉中丢失掉的东西是什么？

难度系数：★★★★★

 374 女王说："原来有个弟弟胆子很小，一点受不了惊吓，有天夜里弟弟又做了噩梦，梦见敌国的武士冲入皇宫，将剑刺入他的心脏。弟弟受到这个惊吓，在梦中就死去了。"你相信她说的话吗？

难度系数：★★★

 375 爬高山与吞药片有什么不同之处？

难度系数：★★★★

 答案

361 苹果放在你头上。

362 打开本子。

363 做梦。

364 妈妈。

365 你就是船主，年龄还需要算吗？

 376 胖姐阿英站上人体秤时，为何指针却只指着 5？

难度系数：★★★★

 377 胖妞生病了，最怕别人来探病时说什么？

难度系数：★★★★★

 378 胖胖是个颇有名气的跳水运动员，可是有一天，他站在跳台上，却不敢往下跳。这是为什么？

难度系数：★★★

 379 盆里有 6 只馒头，6 个小朋友每人分到 1 只，但盆里还留着 1 只，为什么？

难度系数：★★

 380 平平把鱼放在鱼缸里，不到十分钟鱼都死了，为什么？

难度系数：★★

---

366 不知道的东西。

367 刚出生不会说，只会哭。

368 很简单，加顿号。

369 影子。

370 应该长到碰着地面。

381 苹果公司的员工们总是看见总经理对女秘书说话时低下了高傲的头，为什么？

难度系数：★★★

382 七个好人和三个坏蛋同搭一艘渡轮，中途船翻了，七个好人沉入水中淹死了，三个坏蛋却很快就浮出水面，为什么？

难度系数：★★★★★

383 期终考试成绩下来了，平平的四门功课全是零分。老师却说比起某些同学来平平有一条是值得表扬的。老师指的是什么？

难度系数：★★★

384 漆黑的夜晚，老王在家看书，看着看着，他的妻子说："太晚了，关灯睡觉吧。"就把灯关了。可老王理也不理继续看书，还一直把书看完了这是怎么回事？

难度系数：★★★★

385 汽车在右转弯时，哪一条轮胎不转？

难度系数：★★★★★

371 蚊子。

372 餐厅里。

373 美貌。

374 不相信，因为弟弟在梦中被吓死不可能告诉她梦。

375 一个太难上，一个太难下。

386 敲凳子会发出"咚咚"声，那么凳子敲人会发出什么声？

难度系数：★★★

387 桥下只能限高十米，但是船上的货物已超过十米，你该怎么办呢？

难度系数：★★★★★

388 切一半的苹果，跟什么很像呢？

难度系数：★★★★

389 茄子的另外一个名字叫什么？

难度系数：★★★★

390 青春痘长在哪里，你比较不担心？

难度系数：★★★

答案

376 指针已转过一圈了。

377 多多保重。

378 下面没有水。

379 一个小朋友连馒头和盆一起拿走。

380 鱼缸内没有水。

 391 晴朗的天空，为什么看不到太阳？

难度系数：★★★★

 392 请将"5＋5＋5＝550"加上一笔划，使得等式成立（不可以改成不等式）？

难度系数：★★★★★

 393 请你解释：悲剧和喜剧有什么联系？

难度系数：★★★★★

 394 请问：将18平均分成两份，却不得9，那会得几？

难度系数：★★★★★

 395 请问大家，人能活到什么时候？

难度系数：★★★★

 答案

381 因为总经理太高而女秘书又太矮。

382 因为蛋坏了能浮上来。

383 平平没有作弊。

384 老王是盲人，他在读盲文。

385 备用胎。

 396 请问英语有多少个字母？

难度系数：★★★★★

 397 穷人和富人在什么地方没有分别？

难度系数：★★★★

 398 全世界死亡率最高的地方在哪里？

难度系数：★★★★

 399 人到世界上看见的第一个人是谁？

难度系数：★★

 400 人们甘心情愿买假的东西是什么？

难度系数：★★

 答案

386 惨叫声。

387 拿几块大石头放到船上船就会下沉一些。

388 和它的另一半相像。

389 蔬菜。

390 别人脸上。

 401 人们最不乐意，却一不小心就会吃上的是什么？

难度系数：★★

 402 人能登上珠穆朗玛峰，有一个地方却永远登不上。那是什么地方？

难度系数：★★★★

 403 人体最大的器官是什么？

难度系数：★★★★

 404 人行走的时候，左右脚有什么不同？

难度系数：★★★★

 405 人在不饥渴时也需要的是什么水？

难度系数：★★★

391 是晚上。

392 将其中一个加号加上一撇即可。(545＋5＝550)

393 喜剧没人喜欢看，就成悲剧了。

394 10（从中间分）。

395 当然活到死的时候。

 406 人最怕屁股上有什么东西？

难度系数：★★★★

 407 任何人必须去的地方是哪里？

难度系数：★★

 408 日月潭的中间是什么？

难度系数：★★★

 409 如果动物园失火了，最先逃出来的是哪一种动物？

难度系数：★★

 410 如果核战爆发，你认为哪两个地方会人满为患？

难度系数：★★★★★

 答案

396 "英语"中没有字母，是中文。

397 浴室。

398 在床上。

399 接生的人。

400 假发、假牙、假肢……

 411 如果明天就是世界末日，为什么今天就有人想自杀？

难度系数：★★★★★

 412 如果你生出来的儿子只有一只右手你会怎么办？

难度系数：★★★

 413 如果你有一只下金蛋的母鸡，你该怎么办？

难度系数：★★★★

 414 如果苹果没落在牛顿头顶上，会落到哪里？

难度系数：★

 415 如果说儿童是国家未来的栋梁，那么儿童肚子里的蛔虫是什么？

难度系数：★★★★

401 吃亏。

402 自己的头顶。

403 胆。胆大包天。

404 一前一后。

405 薪水。

 416 如果有机会让你移民，你一定不会去哪个国家？

难度系数：★★★★★

 417 如果有人向你问路，你最怕听到哪一句话？

难度系数：★★★★★

 418 如何才能把你的左手完全放在你穿在身上的右裤袋里，而同时把你的右手完全放在你穿在身上的左裤袋里？

难度系数：★★★★★

 419 如何从一半是水，一半是油的缸中取水不取油？

难度系数：★★★★★

 420 如何利用一块钱赚钱？

难度系数：★★★★★

(406) 一屁股的债。

(407) 厕所。

(408) 是月字。

(409) 人。

(410) 地狱和天堂。

421 如何最快地将不可能的事变成可能的事？

难度系数：★★★★★

422 萨维在电影院看电影时，为什么每次看的都是不连贯的电影？

难度系数：★★★

423 三个金叫"鑫"，三个水叫"淼"，三个人叫"众"，那么三个鬼应该叫什么？

难度系数：★★★★

424 三个苹果吃掉一个，为什么还是剩下三个？

难度系数：★★★★

425 三个人一起下田干活，但其中一个人却老站在那里不动手，为什么？

难度系数：★★★

 答案

411 去天堂占位置。

412 怕什么，人本来就只有一只右手一只左手。

413 打一打自己的嘴巴，不要再做梦了。

414 地上。

415 栋梁的蛀虫。

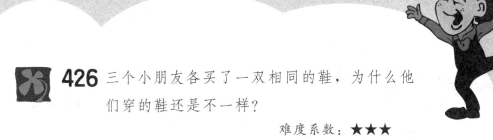

426 三个小朋友各买了一双相同的鞋，为什么他们穿的鞋还是不一样？

难度系数：★★★

427 三更半夜，回家才发现忘记带钥匙，家里又没有其他人在，这时你最大的愿望是什么？

难度系数：★★★

428 三加三除了等于六，还能等于什么？

难度系数：★★★

429 三人共撑一把小伞在街上走，却没有淋湿，为什么？

难度系数：★★

430 三位兄弟分食一罐重达320克的凤梨罐头。因为不易平均分成三等分，所以两位哥哥各吃100克，剩下的120克全部分给弟弟，但是正想去吃的弟弟突然变得十分生气。究竟这是为什么？

难度系数：★★★

---

416 天国。

417 这里是地球吗？

418 反穿裤子。

419 从缸底部打个洞取水，因为水的密度比油大。

420 打电话向别人要钱。

087

 431 三心二意的人是什么人？

难度系数：★★★★

 432 三兄弟中，为什么虽然我跑得最慢，但如果没有我，他们俩也不知道跑了多少圈。

难度系数：★★★★★

 433 三张分别写有 2、1、6 的卡片，能否排成一个可以被 43 除尽的整数？

难度系数：★★★★★

 434 三支点燃的蜡烛搁在纸盒上，一阵风吹来，吹熄了一支，其余两支继续燃烧，最后会剩下几支蜡烛呢？

难度系数：★★★

 435 森林里有一条眼镜蛇，可是它从来不咬人，你知道为什么吗？

难度系数：★★★

 答案

421 将"不"字去掉。

422 每次都是看一会儿睡一会儿。

423 救命。

424 两个在外面，一个在肚子里面。

425 那是个稻草人。

 436 森林中有十只鸟，开枪打死一只，为什么其他九只不飞走？

难度系数：★★★★

 437 沙漠中最常见的东西是什么？

难度系数：★

 438 沙沙声称自己是辨别母鸡年龄的专家，其绝招是用牙齿，为什么？

难度系数：★★★

 439 山姆是一个守法公民，可是他开车总是闯红灯，原因何在？

难度系数：★★★★

 440 山珍海味贵还是稀饭贵？为什么？

难度系数：★★★★★

 答案

426 刚买还没穿。

427 门忘锁了。

428 田。

429 没有下雨。

430 因为两个哥哥吃的是 100 克凤梨片，剩下的是 120 克汤水。

 441 商店里有一种表比进价还便宜，可商店并没有亏本，钱从哪里来呢？

难度系数：★★★★

 442 上次汤姆过生日是七岁，下次他过生日是九岁，这是怎么回事？

难度系数：★★

 443 上课的时候，同学们都坐着上课，但是小李上每一节课都站着。为什么？

难度系数：★

 444 少了一本书，猜一成语？

难度系数：★★★★★

 445 身高 168 公分的小华，有一天去看棒球赛回来却变成 170 公分，为什么？

难度系数：★★★★

431 多心的人。

432 "我"是时针。

433 129（把 6 的卡片翻过来就是啦）。

434 一支也不剩。

435 因为那森林里没有人。

 446 身子里面空空洞洞而却拥有一双手的是什么？

难度系数：★★★

 447 神偷"妙手空空"把附近一些有钱人家的金银珠宝偷得一干二净，为什么唯独一家既无防盗设备，也无保全人员的财主没受到光顾？

难度系数：★★★

 448 生性巴结的陈连长特别在师长儿子生日那天准备了一份礼物送师长的儿子，为什么师长的儿子一脚就把礼物给踢开了呢？

难度系数：★

 449 小明跳入河中，可他不会游泳，也没有淹死，为什么？

难度系数：★★★★★

 450 师长要在最勇猛的第一班中挑敢死队员，就下令志愿者向前一步，大兵阿德原地不动，为什么却光荣入选？

难度系数：★★

 答案

436 因为它们是鸵鸟。

437 沙子。

438 把鸡亲口吃了来辨别母鸡的老嫩。

439 他是色盲。

440 稀饭贵，物以稀为贵。

 451 什么"光"会给人类带来痛苦？

难度系数：★★

 452 什么"贼"不偷东西，专门卖东西？

难度系数：★★★

 453 什么报只印一份？

难度系数：★★★

 454 什么车可以不受交通规则限制横冲直撞？

难度系数：★★★★

 455 什么袋每个人都有，却从来不会借给别人？

难度系数：★

441 从修理费里。

442 今天他是过八岁生日。

443 小李是老师。

444 缺一不可（book）。

445 因为他被球击中，头顶长出了一个两公分的包。

 456 什么蛋又能走又能跳还会说话？

难度系数：★

 457 什么蛋中看不中吃？

难度系数：★★

 458 什么时候开口说话要付钱？

难度系数：★★

 459 什么地方物品售价愈高，客人愈高兴？

难度系数：★★★★★

 460 什么地方有时候有水，有时候没水？

难度系数：★★★

答案

446 手套。

447 他自己的家。

448 那礼物是一只足球。

449 爱河。

450 其他人都向后退了一步。

 461 什么东西比乌鸦更讨厌?

难度系数:★★★

 462 什么东西不能用放大镜放大?

难度系数:★★★★

 463 什么东西不怕布,只怕石头?

难度系数:★★★

 464 什么东西打碎后自然会恢复?

难度系数:★★

 465 什么东西放在火中不会燃,放在水中不会沉?

难度系数:★★★

 答案

451 耳光。

452 卖国贼。

453 电报。

454 碰碰车。

455 脑袋。

094

 466 什么东西见者有份？

难度系数：★★

 467 什么东西将一间屋子塞满，人又能活动自如？

难度系数：★

 468 什么东西力气再大也扛不起？

难度系数：★★★★★

 469 什么东西满屋走，但碰不着物件？

难度系数：★★★★★

 470 什么东西没有价值但大家又很喜欢？

难度系数：★★

答案

456 笨蛋。

457 脸蛋。

458 打电话。

459 当铺。

460 水龙头里。

471 什么东西明明是你的，别人却用得比你多得多？

难度系数：★★★

472 什么东西能逛遍世界？

难度系数：★

473 什么东西你有，别人也有，虽然是身外之物，却不能交换？

难度系数：★★★

474 什么东西人用完了很快会回来？

难度系数：★★

475 什么东西说"父亲"时不会相碰，叫"爸爸"时却会碰到两次？

难度系数：★★★★★

461 乌鸦嘴。

462 角度。

463 剪刀。

464 水面。

465 冰块。

 476 什么东西晚上才生出尾巴呢？

难度系数：★★★★

 477 什么东西像大象一样但毫无重量？

难度系数：★★★

 478 什么东西咬牙切齿？

难度系数：★★★★

 479 什么东西一百个男人无法举起，一女子却可单手举起？

难度系数：★★★★★

 480 什么东西有五个头，但人不觉得它怪呢？

难度系数：★★★

答案

466 阳光。

467 空气和光。

468 罪名。

469 声音。

470 无价之宝。

 481 什么东西越生气，它便越大？

难度系数：★★★★

 482 什么东西越吃越感到饿？

难度系数：★★★★★

 483 什么东西越大越没有用？

难度系数：★★

 484 什么东西越洗越脏？

难度系数：★★★★

 485 什么东西越有越可怜？

难度系数：★★★

471 你的名字。

472 风。

473 姓名。

474 力气。

475 上嘴唇和下嘴唇。

 486 什么东西载得动一百捆干草却托不起一粒沙子，日夜奔跑却离不开自己的卧床？

难度系数：★★★★

 487 什么东西在倒立之后会增加一半？

难度系数：★★★★★

 488 什么东西只能加，不能减？

难度系数：★★

 489 什么东西只有一只脚却能跑遍屋子的所有角落？

难度系数：★★★

 490 什么东西制造日期和有效日期是同一天的？

难度系数：★★★★

476 流星。

477 大象的影子。

478 拉链。

479 比如一个鸡蛋，一百个男人不可能同时举起一个鸡蛋。

480 手，脚。

 491 什么东西最容易满足？

难度系数：★★★★

 492 什么动物你打死了它，却流了你的血？

难度系数：★★★

 493 什么动物天天熬夜？

难度系数：★★★★

 494 什么动物在天上是 4 只脚，在地上是 2 只脚，在水里是 3 只脚？

难度系数：★★★★★

 495 什么房子住人，失了火却不见有人跑出来？

难度系数：★★★★

 答案

481 脾气。

482 消化药。

483 破洞。

484 水。

485 贫穷。

 496 什么飞机常常没有明确的目的地?

难度系数：★★★

 497 什么瓜不能吃?

难度系数：★★

 498 什么光完全没有亮度?

难度系数：★★★★★

 499 什么鬼整天腾云驾雾?

难度系数：★★

 500 什么贵重的东西最容易不翼而飞?

难度系数：★★★★★

486 河流。

487 数目字 6。

488 年龄。

489 扫帚。

490 日报。

 501 什么河里从来没有水?

难度系数:★★★★★

 502 什么黑家伙是由光造成的?

难度系数:★★★

 503 什么虎会吓人但并不吃人?

难度系数:★★★★

 504 什么花很快就不见了?

难度系数:★★

 505 什么花飘着开,什么花走着开,什么花空中开?

难度系数:★★★★★

 答案

491 袜子。

492 蚊子。

493 熊猫,你看它的黑眼圈。

494 怪物。

495 太平间。

 506 什么鸡没有翅膀？

难度系数：★★★★★

 507 什么叫做"缓兵之计"？

难度系数：★★★★★

 508 什么酒喝不完？

难度系数：★★★★

 509 什么老鼠跑得最快！

难度系数：★★

 510 什么老鼠用两只脚走路？

难度系数：★★★

答案

496 纸飞机。

497 傻瓜。

498 时光。

499 烟鬼。

500 人造卫星。

 511 什么情况下会出现两个脑袋、六条腿、一条尾巴？

难度系数：★★★★★

 512 什么门永远关不上？

难度系数：★★★★

 513 什么牛不能耕田？

难度系数：★★

 514 什么女人从来不洗头发？

难度系数：★★★

 515 什么票最危险？

难度系数：★★

 答案

501 棋盘上的楚河。

502 影子。

503 壁虎。

504 火花。

505 雪花、浪花、礼花。

 516 什么票最值钱也最不值钱？

难度系数：★★★★

 517 什么枪把人打跑却不伤人？

难度系数：★★★★★

 518 什么情况下，每个人都会主动地发挥赴汤蹈火精神？

难度系数：★★★★★

 519 什么情况下人会有四只眼睛？

难度系数：★★★

 520 什么情况一山可容二虎？

难度系数：★★★★

506 田鸡。

507 改天再告诉你。

508 天长地久（酒）。

509 看见猫的老鼠。

510 米老鼠。

 521 什么球离你最近?

难度系数：★★★

 522 什么人靠别人的脑袋生活?

难度系数：★★★★

 523 什么人可以饭来张口，衣来伸手?

难度系数：★★

 524 什么人没当爸爸就先当公公?

难度系数：★★★

 525 在土耳其某个村落中，有一个非常多疑的男子，素以对谁的话都不会上当而闻名。有位智者表示："让我来骗骗看。"而这男子仍是自信地说："如果你能骗得了我，就试试看!"于是，智者告诉对方："稍等一下，我进去准备。"便走回家中。那么，智者会以何种方法来骗这位男子呢?

难度系数：★★★★

 答案

511 比如人骑马。

512 球门。

513 蜗牛。

514 尼姑。

515 绑票。

526 美国演艺界的离婚率之高，全世界无出其右者。有位妇女前往律师处表示："我和我先生不论对什么事意见都会相左，一年到头争吵不休。所以想要离婚，但不知是否可行？"律师稍微想了一下，然后回答："这是不可能的呀！"为何律师会这样回答呢？

难度系数：★★★★

527 什么人每天靠运气赚钱？

难度系数：★★★

528 什么人生病从来不看医生？

难度系数：★★★

529 什么人始终不敢洗澡？

难度系数：★★

530 什么人是人们说时很崇拜，但却不想见到？

难度系数：★★★

----

516 股票。

517 水枪、发令枪。

518 吃火锅的时候。

519 两个人的时候。

520 一公一母。

 531 什么人永远无忧无虑？

难度系数：★★★

 532 什么人站在刀尖上生活？

难度系数：★★★★

 533 什么伤医院不能治？

难度系数：★★★★★

 534 什么时候，广场的大钟会响13下？

难度系数：★★★

 535 什么时候四减一会等于五？

难度系数：★★★★

 答案

521 地球。

522 理发师。

523 婴儿。

524 太监。

525 智者进入家中，就不再出来。这位男子终于上当了。

 536 什么时候太阳会打从西边升起？

难度系数：★★★★★

 537 什么时候我们会心甘情愿地熄灭自己的生命
之火？

难度系数：★★★★★

 538 什么时候先穿鞋再穿袜子？

难度系数：★★★★★

 539 什么时候1加5等于10？

难度系数：★★★★★

 540 什么时候有人敲门，你绝不会说请进？

难度系数：★★★

答案

526 既然什么事都相左，当然太太说想离婚，先生就会说不想离婚。

527 煤气工人。

528 瞎子。

529 泥人。

530 上帝。

 541 什么时候做的事别人绝对看不到？

难度系数：★★★★

 542 什么事你明明没有做，但却要受罚？

难度系数：★★★

 543 什么事情，只能用一只手去做？

难度系数：★★★★

 544 什么事情是天不知道地知道，你不知道我知道？

难度系数：★★★★★

 545 什么是"以牙还牙"？

难度系数：★★★★

 答案

531 死人。

532 滑冰的人。

533 伤脑筋。

534 该修理的时候。

535 四个角的东西切去一个角。

 546 什么是倾国倾城的面貌?

　　　　　　　　　难度系数：★★★★★

 547 治疗"口臭"的最佳方案是什么?

　　　　　　　　　难度系数：★★★

 548 什么书必须买两本?

　　　　　　　　　难度系数：★★★★★

 549 什么书不能看?

　　　　　　　　　难度系数：★★★★

 550 什么书谁也没见过?

　　　　　　　　　难度系数：★★★★

-------------------------------------

536 从镜子里。

537 切生日蛋糕之时。

538 脚踩在钉子上，先穿过鞋再穿过袜子。

539 算盘运算。

540 在厕所里的时候。

 551 什么书中毛病最多？

难度系数：★★★★★

 552 什么数字减去一半等于零？

难度系数：★★★★

 553 什么数字最听话呢？

难度系数：★★★★★

 554 什么水要按计划发放？

难度系数：★★★★

 555 什么碗打不烂？

难度系数：★

答案

541 梦里做事。

542 家庭作业。

543 剪自己的手指甲。

544 鞋底破了一个洞。

545 拔牙后再镶牙。

 556 什么戏人人都演过?

难度系数：★★

 557 什么线看得见，抓不着?

难度系数：★★★★

 558 你绝不会穿着什么鞋子去逛街?

难度系数：★★★

 559 什么关系才称得上是生死之交?

难度系数：★★★★★

 560 什么河人们永远也渡不过去?

难度系数：★★★★

546 地震以后。

547 闭嘴。

548 结婚证书。

549 秘书。

550 天书。

 561 什么角量不出度数？

难度系数：★★

 562 什么样的汽车可以随便撞人？

难度系数：★★

 563 什么人见到阳光就会躲得无影无踪？

难度系数：★★

 564 什么人死后还可以出现？

难度系数：★★

 565 什么人最喜欢长发？

难度系数：★★★

 答案

551 医学书。

552 8。

553 100（百依百顺）。

554 薪水。

555 铁饭碗。

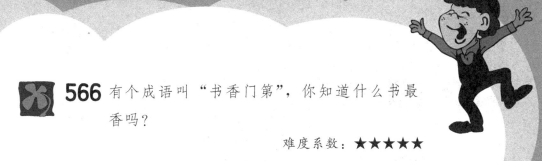

566 有个成语叫"书香门第"，你知道什么书最香吗？

难度系数：★★★★★

567 什么妖怪，大家都不害怕？

难度系数：★★★★★

568 什么英文字母喜欢听的人最多呢？

难度系数：★★★★★

569 什么果树生长十几年也不接一个苹果？

难度系数：★

570 什么雨可以淋死人？

难度系数：★★

 答案

----

556 游戏。

557 光线。

558 溜冰鞋。

559 人鬼联姻。

560 银河。

聪明人爱玩的一○○一个脑筋急转弯

 571 什么掌不能拍？

难度系数：★★

 572 什么照片看不出照的是谁？

难度系数：★★★★★

 573 什么纸买不到？

难度系数：★★★★★

 574 什么最铁面无私？

难度系数：★★★

 575 时钟什么时候不会走？

难度系数：★★★

 答案

561 牛角、羊角、鹿角……

562 玩具车。

563 雪人。

564 电影、电视剧里的人。

565 理发师。

 576 实行减肥时，最容易瘦的是哪一个部位？

难度系数：★★★★★

 577 世界拳击冠军很容易被什么击倒？

难度系数：★★★★

 578 世界人口最多的是哪天？

难度系数：★★★★★

 579 世界上的人身体哪一部分的颜色完全相同？

难度系数：★★★

 580 世界上哪儿的大象最小？

难度系数：★★★

 答案

566 菜谱。

567 难怪。

568 CD。

569 那不是一颗苹果树。

570 枪林弹雨。

 581 世界上哪个地方下午比早上先到？

难度系数：★★★★★

 582 世界上哪一种鸭蛋不能吃，煮不熟，却打得破？

难度系数：★★★★

 583 世界上最便宜的住所是什么地方？

难度系数：★★★

 584 世界上什么东西以近 2000 公里每小时的速度载着人奔驰，而不必加油或其他燃料？

难度系数：★★★★★

 585 世界上什么没有标价？

难度系数：★★★★

 答案

571 仙人掌。

572 X 光片。

573 圣旨（纸）。

574 秤。

575 时钟本身都不会走。

 586 世界上什么样的海最大?

难度系数：★★★★

 587 世界上谁的肚子最大?

难度系数：★★★★

 588 世界上有哪一种花通常夏天是冰冷的，冬天是温热的?

难度系数：★★★★

 589 世界上最洁净的"球"是什么球?

难度系数：★★★★★

 590 世界上最牢固的琴是什么琴?

难度系数：★★★

答案

----

576 钱包。

577 瞌睡。

578 复活节那天。

579 血液。

580 书上的。

 591 世界上最舒服的地方在哪里？

难度系数：★★★★

 592 请用一成语形容世界上最小的邮筒。

难度系数：★★★★★

 593 世上什么东西比天更高？

难度系数：★★★

 594 市里新开张了一家医院，设备先进，服务周到。但令人奇怪的是：这儿竟一位病人都不收，这是为啥？

难度系数：★

 595 书呆子买了一本书，第二天他妈妈却发现书在脸盆里，为什么？

难度系数：★★★★★

 答案

581 在字典里。

582 比赛成绩的鸭蛋。

583 牢房。

584 地球。

585 情意。

596 树上有 100 只鸟，用什么方法才能一下子就把它们全部抓住？

难度系数：★★★★

 597 谁不能唱"哥哥爸爸真伟大"？

难度系数：★★★★

 598 谁成天乐得合不拢嘴？

难度系数：★★

 599 谁的脚常年走路不穿鞋？

难度系数：★

 600 谁的脑子记住的东西最多？

难度系数：★★

- -

586 苦海。苦海无边。

587 宰相。宰相肚里能撑船。

588 豆花。

589 卫生球。

590 钢琴。

- -

 601 谁会连续摇头半个小时以上？

难度系数：★★★★

 602 有人从十米高的地方不带任何安全装置跳下却没摔伤，为什么？

难度系数：★★★★

 603 一个人经常买鞋自己不穿却给别人穿，为什么？

难度系数：★★

 604 谁是世界上最有恒心的画家？

难度系数：★★★★★

 605 谁天天去看病？

难度系数：★★

 答案

591 妈妈的肚子里。

592 难以置信。

593 心比天高。

594 兽医院。

595 他认为那本书太枯燥了。

606 谁知道天上有多少颗星星？

难度系数：★★★★

 607 谁总是脱掉干衣换上湿衣？

难度系数：★★★★

 608 谁最喜欢添油加醋？

难度系数：★★

 609 谁最喜欢咬文嚼字？

难度系数：★★★★

 **610** 睡美人最怕什么？

难度系数：★★★★

 答案

----

596 用照相机。

597 亚当和夏娃。

598 弥勒佛。

599 动物的脚。

600 电脑。

611 说有一只乌龟，一天路过一个火车站，它正想爬过去的时候，突然开过来一辆火车，乌龟由于躲闪不及，被火车压了过去，等火车过去了以后，乌龟发现自己没有死，你猜是为什么呢？

难度系数：★★★

612 司机李强坐上驾驶座开动汽车之前，做的第一件事是什么？

难度系数：★★

613 饲养员将一串香蕉挂在竹竿上，要求大猩猩不搭凳子，不砍断竹枝拿下它。聪明的大猩猩想了想很快取到了香蕉。它是怎样拿到的？

难度系数：★★★

614 他从早上吃到下午，却怎么也撑不死，为什么？

难度系数：★★★★★

615 他竟然可以向后走而人却在向前进，这是怎么一回事呢？

难度系数：★★★

答案

601 看球赛的。

602 他在跳水。

603 他/她是卖鞋的人。

604 爱化妆的女人。

605 医生。

 616 太太吃完饭后向先生要火柴，先生殷勤地掏出名牌打火机，却被太太瞪了一眼，为什么？

难度系数：★★★★

 617 太阳爸爸和太阳妈妈生了个太阳儿子，我们应该说什么贺词恭喜他们？

难度系数：★★★★★

 618 太阳和月亮在一起是哪一天？

难度系数：★★★★★

 619 堂堂的中央图书馆，却没有明版的"康熙字典"，这是为什么？

难度系数：★★

 620 糖与醋有什么不同？

难度系数：★★★★★

606 天知道。

607 晒衣架子。

608 厨师。

609 蛀书虫。

610 失眠。

 621 天气愈来愈冷，为什么小华不多加件衣服，反而要脱衣服？

难度系数：★★

 622 天上有十个太阳，为什么后羿只射下九个？

难度系数：★★★

 623 铁锤锤鸡蛋为什么锤不破？

难度系数：★★★★

 624 铁放到外面要生锈，那金子呢？

难度系数：★★★

 625 停电的时候，我们点着蜡烛为什么能看电视？

难度系数：★★★★★

611 它在做梦。

612 关上车门。

613 把竹竿放倒。

614 他一直在吃亏。

615 在车里向着与车行驶方向相反行走。

 626 兔子的眼睛为什么是红的?

难度系数: ★★★★

 627 拖什么东西最轻松?

难度系数: ★★★

 628 王大头一直喊着:快点,我上课要迟到了。可是他为什么没行动?

难度系数: ★★

 629 王芬和李丽是同班最要好的同学,她们约好去医院探望老师,王芬买了5束花,李丽买了4束花,进病房后她俩将花合在一起送给了老师,你知道她们的老师一共收到了几束花?

难度系数: ★★★

 630 王和李都睁一只眼闭一只眼做事,为什么王得到表扬,李受到处分?

难度系数: ★★★★

答案

------

616 太太是要用火柴剔牙。

617 生"日"快乐!

618 明天。

619 康熙字典是清朝人编的。

620 你可以请别人吃糖,但不可以请别人吃醋。

 631 王太太委托征信社 24 小时日夜跟踪、监视王先生，以防他出轨，但是为什么最后王先生还是出轨了？

难度系数：★★★★

 632 王小明要跳水了！可是为什么围观的群众愈来愈多，却没有人想救他？

难度系数：★★

 633 王爷爷有 3 个孙子。一天，他买了两个小西瓜，一路在想怎样平均分西瓜，总也想不出个好办法来。在门口，邻居李奶奶只说了 3 个字，王爷爷就愁眉舒展了。李奶奶告诉他的是什么办法？

难度系数：★★★★★

 634 网要什么时候可以提水？

难度系数：★★★★

 635 为什么阿福总要等老师动手才去听老师的话？

难度系数：★★★★

 答案

621 因为他准备要洗澡了。

622 他不想摸黑回家。

623 铁锤当然不会破。

624 会被偷走。

625 看不了电视节目，但可以看着电视机。

 636 为什么阿郎穿着全新没破洞的雨衣，却依然弄得全身湿透？

难度系数：★★★

 637 为什么爱斯基摩人是唯一住在北极的人呢？

难度系数：★★★★★

 638 为什么白鹭总是缩着一只脚睡觉？

难度系数：★★

 639 为什么吃完晚餐后，全家都喜欢坐在电视机前看电视？

难度系数：★★★

 640 为什么大部分佛教徒都在北半球？

难度系数：★★★★★

 答案

626 因为它赛跑输给了乌龟哭红的。

627 拖鞋。

628 做梦。

629 一束花。

630 因为王是射击运动员，李是仓库保管员。

 641 为什么大多数人都不喜欢过32岁的生日？

难度系数：★★★★★

 642 为什么大家都说小毛吃人不吐骨头？

难度系数：★★

 643 为什么大雁秋天要飞到南方去？

难度系数：★★★★

 644 父亲一发现皮夹里的钱数目少了一半后，便一口咬定是儿子干的好事，为什么？

难度系数：★★★★

 645 为什么关羽比张飞死得早？

难度系数：★★★★★

631 因为王先生搭乘的列车出轨了。

632 该地正在举行跳水比赛，他是参赛选手之一。

633 榨成汁。

634 当水变成冰时。

635 阿福是聋子。

聪明人爱玩的一○○一个脑筋急转弯
134

 646 为什么汉子不出门？

难度系数：★★★★★

 647 为什么会有人见死不救？

难度系数：★★★

 648 为什么警察要系白皮带？

难度系数：★★★★

 649 为什么兰兰总喜欢旧东西？

难度系数：★★★

 650 为什么老李喜欢和自己的老婆和孩子一起打麻将？

难度系数：★★★★★

------

636 因为他在太阳底下穿着雨衣走路。

637 因为他们是爱死寂寞的人。

638 缩两只脚不就摔倒了。

639 因为站久了脚会酸。

640 南"无"阿弥陀佛。

 651 为什么老王家的马能吃掉老张家的象？

难度系数：★★★★

 652 为什么两只老虎打架，非要拼个你死我活绝不罢休？

难度系数：★★★★

 653 为什么流氓坐车不用给钱？

难度系数：★★★

 654 为什么妈妈几个月都不给孩子吃饭可孩子仍然长得很好？

难度系数：★★★★

 655 为什么母鸡的腿短？

难度系数：★★★★

 答案

641 没人喜欢插上"三长二短"的蜡烛。

642 因为他吃掉了一个面人。

643 如果走，那太慢了。

644 因为老婆不会只拿走一半。

645 红颜薄命。

 656 为什么女人穿高跟鞋后，就代表她快结婚了？

难度系数：★★★★★

 657 为什么胖的人比瘦的人怕晒？

难度系数：★★★★

 658 为什么青蛙可以跳得比树高？

难度系数：★★★★

 659 为什么热恋的人喜欢在较黑的地方谈恋爱？

难度系数：★★★★★

 660 为什么人们要到市场上去？

难度系数：★★★★★

646 他不想当门外汉。

647 死了就不用救了。

648 不系皮带裤子会掉下来。

649 因为她是一个古董收藏家。

650 只有这样才能回收一部分薪水。

 661 为什么杀人要被判刑，杀蟑螂却不用？

难度系数：★★★★

 662 为什么暑假一定比寒假长？

难度系数：★★★★★

 663 为什么说当作曲家不需要多大的智慧？

难度系数：★★★★★

 664 为什么彤彤与壮壮第一次见面就一口咬定壮壮是喝羊奶长大的？

难度系数：★★★★

 665 为什么现代人越来越言而无信？

难度系数：★★★★★

 答案

651 他们正在下象棋。

652 没有人敢去劝架。

653 那是一辆警车。

654 这个孩子还是个胎儿。

655 腿长了，生下的蛋会摔破。

666 为什么小明拒绝用"一边……一边……"这个词来造句?

难度系数:★★★★★

 667 为什么小张开军车遇见交叉道从不停车?

难度系数:★★★★★

 668 为什么熊冬眠时会睡这么久?

难度系数:★★★★

 669 为什么养长颈鹿最不花钱?

难度系数:★★★★★

 670 为什么一个人一天能吃 9 头牛?

难度系数:★★★★

----

656 因为穿高跟鞋很容易被男人追上。

657 晒的面积比较大。

658 树不会跳。

659 因为爱情是盲目的。

660 因为市场不能来。

 671 为什么一瓶标明剧毒的药对人却无害？

难度系数：★★★

 672 为什么游泳比赛中狗输给了青蛙？

难度系数：★★★★★

 673 为什么有人说：世界上分配得最公平的东西是"良心"？

难度系数：★★★★★

 674 为什么有人说建立在金钱基础上的婚姻是最牢固的？

难度系数：★★★★★

 675 为什么自由女神像老站在纽约港？

难度系数：★★

 答案

661 因为蟑螂没有辩护律师。

662 热胀冷缩。

663 因为他只需要认识7个数字就行了。

664 状状是一只羊。

665 打电话比写信方便。

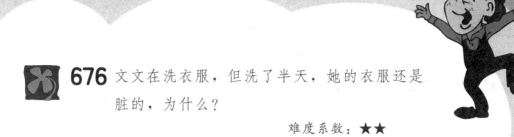

676 文文在洗衣服，但洗了半天，她的衣服还是脏的，为什么？

难度系数：★★

677 蚊子咬在什么地方你不会觉得痒？

难度系数：★

678 问医生病人的情况，医生只举起 5 个手指，家人就哭了，是什么原因呢？

难度系数：★★★★

679 我不会轻功，一只脚搭在鸡蛋上，鸡蛋却不会破，这是为什么？

难度系数：★★★

680 我们脚下踩的是什么？

难度系数：★

答案

666 因为老师说"一心不能二用"。

667 他以前是开火车的。

668 没有人敢叫它起床。

669 因为它们的脖子长，一点点食物都要走很长的路才能到肚子里。

670 吃的是蜗牛。

 681 五根手指头少掉两根会变成什么？

难度系数：★★

 682 为什么拿破仑的字典里没有"难"字？

难度系数：★★★★

 683 伍子胥过昭关，为何在一夜之间头发全变白了？

难度系数：★★★★

 684 武松到底犯了什么罪，为何被抓？

难度系数：★★★

 685 细菌靠生物而活，那么什么靠细菌活？

难度系数：★★★

答案

671 除非你喝了它。

672 狗刨犯规。

673 因为每个人却说自己有良心。

674 铜婚，银婚，金婚……越老越牢固。

675 因为她坐不下去。

聪明人爱玩的一○○一个脑筋急转弯

142

686 瞎子为何夜路点灯？

难度系数：★★★★

687 下雪天，阿文开了暖气，关上门窗，为什么还感到很冷？

难度系数：★★

688 下雨都怕淋，可是有的雨大家都喜欢淋，为什么？

难度系数：★★

689 下雨天三个人在街上冒雨走，为什么只淋湿了一个人的。

难度系数：★★★

690 先有男人，还是先有女人？

难度系数：★★★★★

----

(676) 她在洗别人的衣服。

(677) 别人身上。

(678) 三长二短。

(679) 另外一只脚站在地上。

(680) 鞋袜。

 691 现代人为什么越来越喜欢挖耳朵？

难度系数：★★★★★

 692 香港最出名的是什么？

难度系数：★★★★★

 693 想想看，如果外星人来到地球，他说的第一句话将会是什么？

难度系数：★★★

 694 想想看：眼睛看不见，口却能分辨，这是什么？

难度系数：★★

 695 象棋与围棋的区别是什么？

难度系数：★★★★★

 答案

681 残废。

682 因为他的字典是法文字典。

683 他忘了带染发剂。

684 打死保护动物老虎。

685 医生。

 696 小宝在外面吃饭为什么不用付钱或刷卡？

难度系数：★★

 697 小毕是学校出了名的逃课王，几乎有课必逃，但是有一节课，他却永远不缺课，请问是哪一课？

难度系数：★★★★★

 698 小波比的一举一动都离不开绳子，为什么？

难度系数：★★★

 699 小陈礼拜天早上赶到西郊去看早场电影，到了西郊，却看不到半个人，为什么？

难度系数：★★★

 700 小陈是个大家公认的穷光蛋，但是他居然能日掷千金，为什么？

难度系数：★★★★

----

686 为了使别人不撞到自己。

687 他在屋外。

688 淋浴。

689 一个怀着双胞胎的孕妇。

690 先有男人，因为男人是先生。

141

 701 小呆骑在大牛身上，为什么大牛不吃草？

难度系数：★★★

 702 小戴是位科学家，历尽千辛万苦终于来到一个地方，他面北而立，向左转了 90 度，却还是向北，再转 90 度依然面北，又转 90 度还是面北，你知道这是什么原因吗？

难度系数：★★★★

 703 小刚从 5000 米高的飞机上跳伞，过了两个小时才落到地面，为什么？

难度系数：★★★★★

 704 小王在市区租了一间房子，租约上注明若不慎引起火灾，烧毁了房子，必须赔偿 300 万元。小王不但不反对，甚至还主动多填了一个零，为什么？

难度系数：★★★★

 705 小刚说他一次可以放十万个风筝，他并没有吹牛。你知道他是如何放的吗？

难度系数：★★★★★

 答案

691 爱讲脏话的人越来越多了。

692 香港脚。

693 外星话。

694 味道。

695 象棋越下越少，围棋越下越多。

706 小雯和妈妈去买熟鸡蛋，为什么卖鸡蛋的人不卖给她？

难度系数：★★★

 707 小红和小李互相吹牛，小红说她可以把整个世界吃下去，小李说了什么胜过了小红？

难度系数：★★★★

 708 小红口袋里原有 10 个铜钱，但它们都掉了，请问小红口袋里还剩下什么？

难度系数：★★★

 709 小红帽从大野狼面前走过，大野狼为何没有发现她？

难度系数：★★★★★

 710 小花站起来同饭桌一样高，两年之后，反而在桌子下活动自如，为什么？

难度系数：★★★★★

696 别人请客。

697 下课。

698 小波是个木偶。

699 人有好多个，就是没有半个。

700 小陈是银行的运钞员。

 711 小张明天考试，他已经把英语背得滚瓜烂熟，第二天考试还是不及格，为什么？

难度系数：★★★

 712 小力说他能在 1 秒钟之内把房间和房间里的玩具都变没了，这可能吗？

难度系数：★★

 713 小孙在偷偷地看一本书，妈妈看了后不生气，反而吓了一跳，为什么？

难度系数：★★★

 714 小杰在教室外捡到一只皮夹，为什么不交到老师那里？

难度系数：★★

 715 小军、小明是邻居，同楼同班又是同桌，天天一起去上学。可是，一个出门往左拐，一个出门往右拐，为什么？

难度系数：★

 **答案**

- **701** 大牛是人名。
- **702** 小戴在北极。
- **703** 他挂在了树上。
- **704** 反正都赔不起。
- **705** 在风筝上写上"十万个"。

 716 小可坐在桌前读书，为什么不开台灯？

难度系数：★

 717 小李乘电梯上 14 楼，中间没有停，用了 60 秒钟，下楼时中间也没有停，却用了 5 分钟，这是怎么回事？

难度系数：★★★★

 718 小刚喝酒，撞伤了脸，回家怕太太知道会责备，去洗手间对着镜子贴上创可贴，可第二天还是被太太骂了一顿，为什么？

难度系数：★★★★★

 719 小李说"我前面的人是小王"，小王说"我前面的人是小李"，怎么回事？

难度系数：★★

 720 小李有一次出差去办事，提早了回来，看见隔壁的小楼同自己的妻子睡在床上，小李为什么不生气？

难度系数：★★

706 因为那鸡蛋是生的。

707 我可以把你吃下去。

708 还剩下一个洞。

709 小红帽今天没有戴帽子。

710 小花是一条狗。

721 小立在街上走，前面有个人掉了一块肉和一个钱包，小立为什么捡肉不捡钱包，钱包里有很多钱？

难度系数：★★★★

722 小丽和妈妈买了8个苹果，妈妈让小丽把这些苹果装进5个口袋中，每个口袋里都是双数，你能做到吗？

难度系数：★★★★★

723 小丽问小明："你知道世界上什么篮是漏的，但却是有用的吗？"

难度系数：★

724 小刘是个很好的电工师傅，可他今天修好的灯却不亮，为什么？

难度系数：★

725 小毛喜欢运动，有一天他在摄氏38度高温大太阳下做很激烈的运动，为什么也居然不会流汗？

难度系数：★★★★

答案

711 第二天不是考英语。

712 把眼睛闭上。

713 那本书是鬼故事。

714 是自己的。

715 他们是对门邻居。

726 小美养了一头凶猛的狼犬，为什么它却从不咬胖子？

难度系数：★★★★★

 727 小明吃麻辣面，加了胡椒又加辣椒，你猜他还会加什么东西？

难度系数：★★★★

 728 小力从外面买了好多东西回来，为什么她一进社区办公室就把手中的一捆布往地上一扔？

难度系数：★★★

 729 小李带100元去买一件75元的东西，但老板却只找了5块钱给他，为什么？

难度系数：★★★★

 730 小刘到动物园玩，看到一只大黑熊，很调皮地打了它，但那只大黑熊一点也不生气。为什么？

难度系数：★★

 答案

716 大白天开什么灯呀！

717 下楼走的楼梯。

718 创可贴贴在镜子上了。

719 他们面对面地站着。

720 小楼是女的。

731 小王的爸爸是警察，他眼看着儿子偷了一样东西，却没有多加管教，这是怎么回事？

难度系数：★★★★

732 小明的爸爸找了个座位坐下，小明也在同一个房间找个地方坐下来，小明的爸爸却不能坐在小明的位置上，小明坐在哪儿，为什么？

难度系数：★★★

733 小红的爸爸只当了一次官，而且只当了几天。可是因为当了那次官，闹得他每天都要掏腰包，他当的是什么官？

难度系数：★★

734 小明的母亲有三个儿子，大儿子叫大毛，二儿子叫二毛，三儿子叫什么？

难度系数：★★

735 小军的爷爷年轻时是短跑健将，今年七十岁了，他要到什么时候才能打破男子短跑一百公尺世界纪录？

难度系数：★★★

答案

721 因为小立是狗。

722 先在 4 个口袋各装 2 个苹果，最后将 4 个口袋装进第 5 个口袋。

723 篮球的篮。

724 今天停电。

725 他在水里游泳。

736 小赵点了一份全熟的牛排，但是为什么一切下去居然流出血来？

难度系数：★★★

 737 小毛读小学二年级，他的家住在 12 楼，他每次去学校都是乘电梯下去的，但放学后，乘电梯只能乘到 11 楼，为什么？

难度系数：★★★★

 738 小燕发现房间遭窃，却一点也不紧张，为何？

难度系数：★★★

 739 小孙画了好大一个圆，你知道画圆时是从什么地方开始的吗？

难度系数：★★★★

 740 小苏家很富裕，可他想买玩具时却从不向母亲要一分钱，为什么？

难度系数：★★

726 他只吃瘦肉。

727 鼻涕和眼泪。

728 拖布。

729 他只给了老板 80 元。

730 那只大黑熊是个标本。

 741 小刚家住在五楼，可是电梯坏了，他自己也没有走楼梯，他却上了五楼回到家里，这可能吗？

难度系数：★★

 742 小文看书的时候，为什么不能把书签放在 175 页和 176 页之间？

难度系数：★

 743 小明可以让地球停止或倒转，可能吗？

难度系数：★

 744 小华买了一兜水果，回到家了却两手空空，他保证没有偷吃，也没有弄丢，那是什么原因呢？

难度系数：★★★

 745 小周每天写信给他的女朋友，共寄了七封，但他的女朋友珍妮，每天却只收到一封信，为什么？

难度系数：★★★★

 答案

731 儿子在偷笑呀。

732 小明坐在爸爸的腿上。

733 新郎官。

734 小明。

735 做梦的时候。

746 小明去参加讲笑话比赛，一路上小明一直用冰块敷嘴巴，为什么？

难度系数：★★★★★

 747 小赵上班时间吃了红豆汤圆，经理看见后生气地说，太闲了是不是，小明回答了一句什么话把经理气的差点晕倒？

难度系数：★★★★

 748 小王为何能用一只手让车子停下来？

难度系数：★★★

 749 小刘正在吹电扇，为什么还是满头大汗？

难度系数：★★★★★

 750 小明知道试卷的答案，为什么还频频看同学的？

难度系数：★★★

- -

736 因为不小心切到手了。

737 小毛不够高，按不到 12 这个按钮。

738 别人的房间。

739 从笔尖开始。

740 一分钱买不到什么玩具。

- -

 751 小军只会花钱，天天花很多钱，可最后却成了百万富翁，为什么？

难度系数：★★★★

 752 小莫是个出了名的仿冒名牌大王，为什么他却能逍遥法外而又名利双收呢？

难度系数：★★★★★

 753 小男孩和小女孩在一起不能玩什么游戏？

难度系数：★★★★★

 754 小胖生了病，天天要打针。这个孩子怕痛，每次打针，都说屁股好痛好痛。这一天，爸爸陪他去打针，这次他却说，屁股一点儿也不痛。这是为什么呢？

难度系数：★★★

 755 小平平时嘴闭不住，为什么现在一声不吭？

难度系数：★

(741) 妈妈背着他上楼。

(742) 因为这两页是印刷在一张纸上。

(743) 可能，是个玩具地球。

(744) 送人了。

(745) 有七个女朋友。

 756 小琪从事美容工作已经很多年了，为什么连个眼影都画不好？

难度系数：★★★★

 757 小秦买了一辆全新的跑车，却不能开上马路，这是为什么？

难度系数：★★★

 758 小偷最怕碰到是哪个机关？

难度系数：★★★

 759 小王开着空计程车出门，为什么一路上都没有人向他招手租车？

难度系数：★★★★

 760 小李跑步为什么总是保持一个姿势不变？

难度系数：★★★

746 怕笑话到时候不新鲜。

747 不，是甜的。

748 他在打出租车。

749 他在吹电扇，电扇没有吹他。

750 小明是老师。

 761 小昭娶媳妇为什么不花一分钱？

难度系数：★★

 762 小刚天生力气大，一次打羽毛球由于力气过大，球打出后5分钟才落地，可能吗？

难度系数：★★★

 763 小孙因工作需要常交际应酬，虽然每天都很早回家，可妻子还是抱怨不断，这为什么？

难度系数：★★★★★

 764 小苏用捕鼠笼在家抓老鼠，第二天一早发现笼子里抓了一只活老鼠，而笼子外面却有两只四脚朝天的死老鼠，为什么？

难度系数：★★★★★

 765 小王与父母头一次出国旅行，由于语言不通，他的父母显得不知所措，小王也不懂丝毫外语，他也不是聋哑人，却像在自己国家里一样未尝感到丝毫不便，这是为什么？

难度系数：★★★

 答案

751 以前是亿万富翁。

752 他专门在电视上模仿别人的动作和声音。

753 不能玩猜拳。因为两小无猜。

754 这次没有把针打在屁股上。

755 小平睡着了。

 766 小张住的是楼房，为什么每次出门还要上楼？

难度系数：★★★

 767 小刘住在 12 层楼里，为什么他每天不坐电梯啊？

难度系数：★★

 768 小宋走路从来脚不沾地，这是为什么？

难度系数：★★★

 769 小吴称赞女朋友的新衣服"十分漂亮"，但却被女友打了一顿，为什么？

难度系数：★★★★★

770 小星右手的小指受伤了，那么他应该用哪只手写字？

难度系数：★★★

756 她是给汽车美容。

757 他买的是玩具跑车。

758 公安机关。

759 他走的是高速公路。

760 因为他在照片中。

 771 小燕站在路中央，一辆时速 90 公里的汽车急驰而过，她却未被撞死，为什么？

难度系数：★★★★

 772 小明的肚子明明已经胀得受不了了，为什么他还要不停地猛喝水？

难度系数：★★★

 773 小刚进入屋内为什么不随手关门？

难度系数：★★

 774 小张开车，不小心撞上电线杆发生车祸，警察到达时车上有个死人，小张说这与他无关，警察也相信了，为什么？

难度系数：★★★★★

775 小刘一百公尺跑十秒，小李跑十一秒，为什么最后得到金牌的是小李？

难度系数：★★★

 答案

761 做梦娶。

762 可能，球被打到树上了。

763 他每天凌晨回家。

764 那两只看到同伴笨得上当活活笑死的。

765 小王是个婴儿。

776 小宋一直朝北走，走着走着他又没有转身可是却走到了正南方，为什么？

难度系数：★★★★★

 777 肖明一向心直口快，什么事竟然会让他突然变得吞吞吐吐起来？

难度系数：★★★

 778 蝎子和螃蟹玩猜拳，为什么它们猜了两天，还是分不出胜负呢？

难度系数：★★★

 779 新版的纸币，竟然印得不一样，为什么？

难度系数：★★★★

 780 什么人的身体有两个头？

难度系数：★★★

766 他住地下室。

767 他住一楼。

768 因为穿着鞋子。

769 满分是一百分。

770 右手。因为右手的小指受伤不影响写字。

 781 星期二过去是星期三，星期三过去是星期四，星期四过去却是星期天，为什么？

难度系数：★★★★

 782 熊掌和鱼什么情况下可以兼得？

难度系数：★★★

 783 徐先生犯了一个大错误。当他在太太面前，掏口袋的一刹那，一些袋内的酒吧火柴盒、未中奖的马票，以及旧情人的照片等，均散落一地。他在慌张之余，为了避免吵架，双手各遮起一件东西。试问，他所遮起最有效的东西是什么？

难度系数：★★★

 784 牙医最喜欢的行业是什么？

难度系数：★★★★

 785 亚当和夏娃结婚后最大的遗憾是什么？

难度系数：★★★

 答案

771 小燕站在天桥上。

772 他掉到河里去了。

773 自动门。

774 小张开灵车。

775 小刘没比赛。

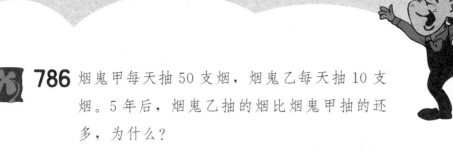

786 烟鬼甲每天抽 50 支烟，烟鬼乙每天抽 10 支烟。5 年后，烟鬼乙抽的烟比烟鬼甲抽的还多，为什么？

难度系数：★★★★

787 沿着山壁凿成的山路，因坍方而形成一个宽深的大洞，路边却没有警告标志，为什么？

难度系数：★★★★

788 炎热的夏天，又有谁会裹着皮袄？

难度系数：★★★

789 研研十四岁生日的晚上，庆祝宴上点了十五支蜡烛。那是为什么？

难度系数：★★★

790 演习时，两部同是四吨重的军车在一座便桥前停下，后一部已经抛锚，前一部拖着它的军车驾驶兵，烦恼着要如何才能通过限重五吨的桥？

难度系数：★★★★★

---

776 他越过北极点再向前走就是南方。

777 他在吃甘蔗（或抽烟）。

778 他们只会出剪子。

779 号码不一样。

780 孕妇。

 791 要怎样做，才能使梦想变成现实？

难度系数：★★★

 792 爷爷熟读兵书，却食古不化，每次跟孙子们玩棋都输，请问爷爷用的什么战术？

难度系数：★★★★★

 793 夜黑风高的晚上，小李遇见鬼，为什么鬼反而吓得落荒而逃？

难度系数：★★★★

 794 一对健康夫妇，为什么生出只有一只右眼的婴儿？

难度系数：★★

 795 一朵插在牛粪上的鲜花是什么花？

难度系数：★★★★★

 答案

781 多撕了两张日历。

782 饭店里。

783 她太太的左眼和右眼。

784 糖果店。

785 没有人来喝喜酒。

796 一个被枪毙而死的鬼，最大的烦恼是什么？

难度系数：★★★★★

 797 一个并非神枪手的人手持猎枪，另一个人将一顶帽子挂起来，然后将持枪人的眼睛蒙上，让他向后走 10 步，再向左转走 10 步，最后让他转身对帽子射击，结果他一枪打中了帽子，这是怎么一回事？

难度系数：★★★

 798 一个袋子里装着豆子，有黄豆和绿豆，一个人把豆子倒在地上，很快他就把黄豆和绿豆分开了，请问他是怎么分的？

难度系数：★★★

 799 一个即将被枪决的犯人，他的最大愿望是什么？

难度系数：★★★★

 800 一个警察有个弟弟，但弟弟却否认有个哥哥，为什么？

难度系数：★★★

答案

- ⑦⑧⑥ 烟鬼甲抽得太多早死了。
- ⑦⑧⑦ 因为大洞在山壁上，没有危险。
- ⑦⑧⑧ 模特儿。
- ⑦⑧⑨ 那晚停电，有一只是照明蜡烛。
- ⑦⑨⓪ 用一条比绳长的索牵引，使两部车不同时在桥上就可通过。

 801 一个卡车司机撞倒一辆摩托车，卡车司机受重伤，摩托车骑士虽摔倒却没事，为什么？

难度系数：★★★★

 802 一个老人头顶上只剩三根头发，有一天他要参加重要宴会，为什么他仍忍痛拔掉其中一根头发呢？

难度系数：★★★

 803 一个老鼠洞里有五只老鼠，猫进洞吃了一只老鼠，洞里还剩下几只老鼠？

难度系数：★★★

 804 一个离过五十次婚的女人，应该怎么形容她？

难度系数：★★★★★

 805 一个聋哑人到五金商店买钉子，他把左手的食中两指伸开做成夹着钉子的样子，然后伸出右手作锤子状，服务员给他拿出锤子，他摇了摇头，给他拿来钉子，他满意地买了。接着来了一个盲的，请问，他怎样才能买到剪子？

难度系数：★★★★

 答案

791 睡前开好闹钟。

792 兵来将挡。

793 因为小李遇到的是一个胆小鬼。

794 每个人都只有一只右眼。

795 牵牛花。

806 一个桥载重 80 公斤，为什么一个重 70 公斤的人可以拿两个各重 10 公斤的球过桥？

难度系数：★★★★★

 807 一个人背一个包，刚一出门，就摔死了，为什么？

难度系数：★★★

 808 一个人被老虎穷追不舍，突然前面有一条大河，他不会游泳，但他却过去了，为什么？

难度系数：★★★

 809 一个人从飞机上掉下来，为什么没摔死呢？

难度系数：★★★

 810 一个人从一个五十米高的大厦上跳楼自杀，重重地摔在了地上，为什么没被摔死？

难度系数：★★★

796 喝水时会漏。

797 另一个人把帽子挂在他枪口上。

798 袋子里就两颗豆。

799 穿上防弹衣。

800 因为那个警察是女的。

 811 一个人掉到河里，还挣扎了几下，它从河里爬上来，衣服全湿了，头发却没湿，为什么？

难度系数：★★★

 812 一个人掉进游泳池里，他的脚却没有湿，为什么？

难度系数：★★

 813 一个人没有前辈，为什么他有后辈？

难度系数：★★★★

 814 一个人去网吧，碰上一个同学带着两个朋友，各带着 4 个小孩，小孩各带着 2 个朋友，问多少人去网吧？

难度系数：★★★★

 815 一个人上了手术台是什么心情？

难度系数：★★★★

(801) 卡车司机在走路。

(802) 他想中分。

(803) 没有。

(804) 前功（公）尽弃。

(805) 盲人是会说话的呀。

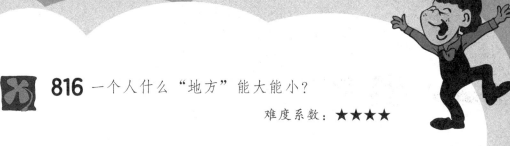

816 一个人什么"地方"能大能小？

难度系数：★★★★

817 一个人死前要做的最后一件事是什么？

难度系数：★★★

818 一个人想在一夜里变成百万富翁，他该怎么办？

难度系数：★★★

819 一个人在沙滩上行走，回头为什么看不见自己的脚印？

难度系数：★★

820 一个人在太阳下走路却看不见自己的影子，为什么？

难度系数：★★★

806 颠球走。

807 因为他在飞机上。

808 他是昏过去了。

809 飞机停在地上。

810 是往屋里跳。

821 一个人左右手各拿着一个碗，同时摔下去，一个摔破了，一个没摔破，为什么。

难度系数：★★

822 你能在一块木板上一笔画出两条不相连的线吗？

难度系数：★★★★★

823 山上滚下一块巨石，正巧落在一条小路的中间，把一队拉板车的人给挡住了。大家上前一齐推石，巨石却纹丝不动。一名聪明的拉车人想出了一个办法，排除了挡路的巨石。你能想出他用的办法吗？

难度系数：★★★★★

824 小孩子向父亲提出问题："一只也28公斤，两只也28公斤的是什么？"父亲百思不解。是什么？

难度系数：★★★★★

答案

⑧⑪ 因为他是光头。

⑧⑫ 游泳池中没有水。

⑧⑬ 人当然有后背。

⑧⑭ 一个人，其他人没说去。

⑧⑮ 任人宰割。

825 国王有一个神灯，里面有个妖怪。国王的女儿爱上了阿拉丁，但是国王不赞成他们结婚。不过国王不想让女儿伤心。有一天，他擦拭着神灯，和妖怪商量办法。国王说他要和女儿一起去拜访阿拉丁，让妖怪出主意考验一下是否值得将女儿嫁给阿拉丁。这时阿拉丁正好经过，听到了国王和妖怪的计划。妖怪说："我提供两个信封给阿拉丁，让他选择自己的命运。我们可以告诉他一个信封里写着'结婚'，另一个信封里写着'终生流放'。阿拉丁必须选择其中的一个，但是我可以确保两个信封里都写着'终生流放'"。阿拉丁怎样才能解开妖怪和国王的诡计？

难度系数：★★★★★

 826 一个盛满咖啡的杯子，里面放一枚硬币却没有湿，为什么？

难度系数：★★★★

 827 一个手无寸铁的人钻进了狮子笼里，为什么太平无事？

难度系数：★★★

 828 一个数去掉首位是 13，去掉末位是 40，请问这个数是几？

难度系数：★★★★★

 答案

816 心眼儿。

817 咽下最后一口气。

818 做梦吧！

819 倒着走。

820 因为他撑了一把伞。

 829 一个推车的，一个挑担的，同时要过独木桥，一个南来，一个北往，有什么办法让他们同时过？

难度系数：★★★★

 830 一个西瓜4刀切成9块，怎样切法？

难度系数：★★★★★

 831 一个学生住在学校里，为什么上学还经常迟到？

难度系数：★★★

 832 一个阴森的夜晚，眼前一个长发披肩，脸色苍白的女孩，用手去摸，却摸不着为什么？

难度系数：★★★

 833 一个圆有几个面？

难度系数：★★★★★

 834 一个职业登山运动员什么山上不去？

难度系数：★★★★

 835 一个自讨苦吃的地方在哪里？

难度系数：★★★★

821 因为一个是铁的，一个是瓷的。

822 把一支毛笔弄开叉后再画即可。

823 他叫大家在紧靠巨石的脚下挖一个足够容纳巨石的大坑，然后大家再一起推，悬在坑边的巨石就会滚入坑中。最后再把路面填平。

824 体重。因为用一只脚站在体重计上或两只脚站在体重计上都是28公斤。

836 一根绳子在当中被一刀剪断了，但它仍是一根完整的绳子，为什么？

难度系数：★★★★

 837 一家面店以"一个人吃七碗不用钱"招徕顾客，为什么春娇吃了七碗还是要付钱？

难度系数：★★★★★

 838 一家洗衣店招牌写着"24小时交货"，今天小高拿去洗，为何老板说要三天后才能拿到？

难度系数：★★★★★

 839 一家珠宝店的老板雇了一位保镖负责押送一箱珠宝，不幸中途遭人打劫。在整个被劫过程中，保镖始终死守着珠宝，尽管保镖没自盗自劫，可珠宝店老板还是损失了这箱珠宝，为什么？

难度系数：★★★★

 840 一架飞机在天空飞翔时突然没油了，请问：什么东西会最先掉下来？

难度系数：★★★★★

 答案

- **825** 阿拉丁选择其中的一个信封后，没有打开而是把它撕成了碎片，然后请国王读一下另一个信封里他没有选择的命运。
- **826** 干咖啡。
- **827** 狮子笼是空的。
- **828** 四十三。

 841 一架高空飞行的客机在航行中，小王突然打开门冲出去，为什么他没摔死？

难度系数：★★★

 842 一间牢房中关押着两名犯人，其中一个因偷窃要关一年，另一个是抢劫杀人犯，却只关两周，为什么？

难度系数：★★★

 843 一间屋子里到处都在漏雨，可是谁也没被淋湿，为什么？

难度系数：★

 844 一块黑石子与一块白石子同时放入水中，有什么变化？

难度系数：★★★

 845 一辆车子飞速前进，可这辆车的轮子却一点都没有动，怎么回事？

难度系数：★★★★★

 答案

829 南来是往北，北往也是往北，同时过桥就是。

830 "井"字切型。

831 家所在的学校不是他上学的学校。

832 中间隔着透明的玻璃窗。

833 两个面。一个外面，一个里面。

834 刀山。

835 药店。

846 一辆火车由北京到石家庄全程需要 4 个小时才可到达，如今行使了 3 个小时，火车现在应该在什么地方？

难度系数：★★★

 847 一溜三棵树，要拴 10 匹马，只能拴单不能拴双，请问怎样拴？

难度系数：★★★★★

 848 一毛钱可以买几头牛？

难度系数：★★★★★

 849 一年里，有些月份像一月份有三十一日的，也有些月份像六月份有三十日的，请问有二十八日的总共有几个月份呢？

难度系数：★★★

 850 一年前的元月一日，所有的人都在做着一件非常重要的事，你记得是什么事吗？

难度系数：★★★★

 答案

836 因为绳子起初是结成圆形圈的。

837 因为她怀孕了加上肚子里的孩子一共是两个人。

838 因为每天工作 8 小时，三天正好 24 小时。

839 保镖与宝箱一起被劫走。

840 油表的指针。

 851 一群惧内的大丈夫们正聚集在一起商量怎样重振男子汉的雄风，突然听说他们的老婆来了，大家四处逃窜，唯独一人没有跑，为什么？

难度系数：★★★

 852 一艘五十万吨的油轮沉没了，最先浮出水面的是什么？

难度系数：★★★★

 853 一天，洋洋不慎撞到电线杆，为什么他连手都疼？

难度系数：★★★★★

 854 一天慢 24 小时的表是什么样的表？

难度系数：★★★

 855 一条河的平均深度是 1 米，一个小孩身高 1.4 米，他虽然不会游泳，但肯定不会在这条河里淹死。你说对吗？为什么？

难度系数：★★★★

 **答案**

(841) 他是从飞机的厕所冲出去。

(842) 关两周后枪决。

(843) 空房子。

(844) 变湿了。

(845) 这辆车是在开动的车上。

856 一条专门吃人的鳄鱼为什么也能获准进入天堂？

难度系数：★★★★★

857 一头牛一年吃三公顷的牧草，现有面积三十公顷的牧场养了五头牛，请问需要多久才能全部吃完？

难度系数：★★★

858 一位服装模特儿小姐，即使在平日也穿着未经发表的新款服饰，但她常常看到穿着和她完全相同服饰的人。这是为什么？

难度系数：★★★

859 一位赛车手把他仅2岁的儿子也培养成了一名出色的赛车司机，他用的是什么方法？

难度系数：★★★

860 一又七分之一是什么字？

难度系数：★★★★★

答案

846 在铁轨上。

847 1棵树拴一匹马正好（因为"一溜"正好就是一六，所以1＋6＋3＝10）。

848 九头牛（九牛一毛）。

849 每个月都有。

850 都在呼吸。

 861 一只饿得精瘦的狼突然发现一个无人看守的羊圈，勉强从很窄的口子内挤了进去。刚想饱餐一顿，可是把羊拖出去吧，口子还嫌窄……不过狼最后还是饱餐了一顿，它用的是什么方法？

难度系数：★★★★★

 862 一只鸡，一只鹅，放冰箱里，鸡冻死了，鹅却活着，为什么？

难度系数：★★★★

 863 一只蚂蚁居然从四川爬到了东京，可能吗？

难度系数：★★★

 864 一只毛毛虫（八只脚）走上一堆牛粪，下地以后却发现只有六只脚印，为什么？

难度系数：★★★★★

 865 一只母羊和一只小羊正在吃草，来了一只老狼把母羊给叼走了，小羊也乖乖地跟走了，请问怎么回事？

难度系数：★★★★

 答案

851 吓死了。

852 空气。

853 洋洋狠狠地揍了电线杆一顿。

854 停着不走的表。

855 不对，因为是平均深度，并不能保证有的地方深于两米。

866 一只普通手表刚掉到大海里，会不会停？

难度系数：★★★★

 867 一只蚊子顺时针绕着一个新买的而且是没有任何质量问题的高效捕蚊灯打转，但一直不会被吸进去，为什么呢？

难度系数：★★★★

 868 一只小鸟飞进了迪斯科舞厅，突然掉了下来，请问发生了什么事？

难度系数：★★★

 869 一只羊碰到一头老虎，非但不怕，而且还把那头老虎给吃了，这是怎么回事？

难度系数：★★★

 870 一只已经饥饿已久的狼看见一只绵羊，却马上跑了，为什么？

难度系数：★★★

----

856 因为他吃了一个神父。

857 "春风吹又生"。他们一辈子也吃不完。

858 因为她看到镜子中的自己。

859 他儿子开的是玩具车。

860 片。

 871 一幢大楼失火，很多人围观，却无人报警，为什么？

难度系数：★★★★★

 872 1+1 不是 2、王、11 是什么？

难度系数：★★★

 873 伊凡吹嘘自己写的小说可以得诺贝尔奖，他写的什么小说？

难度系数：★★★★

 874 医生问病人："感冒吗？"病人摇摇头。"肚子疼？"病人摇头……"神经病？"病人摇头。究竟他是来看什么病的？

难度系数：★★★★

 875 医治晕车的最好办法是什么？

难度系数：★★

 答案

861 先将羊咬死再咬成一块块的肉然后运出去吃掉。

862 是企鹅。

863 蚂蚁在地图上。

864 牛粪很臭，两只脚捏住了鼻子。

865 一只怀了小羊的母羊。

 876 遗照与玉照有什么联系？

难度系数：★★★★

 877 英国出生过大人物吗？

难度系数：★★★★

 878 英国国王为什么是女性？

难度系数：★★★★★

 879 永远都没有终结的事是什么？

难度系数：★★★★★

 880 用哪三个字可以回答一切疑问题？

难度系数：★★★

866 不会停，它会一直沉下去。

867 因为捕蚊灯没有通电。

868 声音太大，它用翅膀捂住耳朵，所以掉下来了。

869 那是只纸老虎。

870 因为他跑去追羊。

 881 用什么方法可以使人不喝水？

难度系数：★★★★

 882 用什么方法立刻可以找到遗失的图钉？

难度系数：★★★★

 883 用什么可以解开所有的谜？

难度系数：★★★

 884 用什么拖地最干净？

难度系数：★★★

 885 用什么行动祝贺别人向死亡迈进一步，又不会使他生气？

难度系数：★★★★★

 答案

(871) 失火的正是警察局大楼。

(872) 丰。

(873) 幻想小说。

(874) 是来看不停摇头的毛病。

(875) 不坐车。

 886 用椰子和西瓜打头，哪一个比较痛？

难度系数：★★★

 887 油漆工的徒弟叫啥？

难度系数：★★★★

 888 有个男人站在时速240公里的列车顶上，虽然他不是一个会飞墙走壁的超人，但是，他仍然显得从容自如，毫不紧张，为什么？

难度系数：★★★

 889 有个胖子上了公共汽车，没有月票，也没有买票，售票员为什么让他从起点坐到终点？

难度系数：★★

 890 有个人被恐龙一口咬住，又在嘴里嚼了好几下，为什么没有受伤？

难度系数：★★★★

876 遗照是最后一张玉照。

877 没有，全是婴儿。

878 因为英国男人都是绅士，讲究女士优先。

879 问题。

880 不知道。

 891 有个人不是官，却负责全公司职工干部上上下下的工作。这个人是干什么的？

难度系数：★★

 892 有个人饿得要死，而冰箱里有鸡罐、鱼罐、猪肉等罐头，他先打开什么？

难度系数：★★★

 893 有个中学生想跳过两米宽的一条河，试了几次都失败了。可是后来，他什么工具也没用就达到了目的，他用的是什么好办法？

难度系数：★★★

 894 有甲、乙、丙三人跳伞，甲乙有带伞，丙则无，但后来反而丙没事，甲乙都有事，为什么？

难度系数：★★★★★

 895 有架飞机在飞行中失事，现场支离破碎，令人惊讶的是找不到任何死伤者，为什么？

难度系数：★★★

 答案

- **881** 把水改名字。
- **882** 光着脚走。
- **883** 谜底。
- **884** 用力。
- **885** 拜年、祝寿。

896 有两个人决定进行自行车比赛，看谁的自行车跑得快，比赛在一个平坦宽敞的体育场里进行，但当比赛开始时，他们两个却谁也不愿意领先，反而都在慢悠悠地骑，已知他们两人都不会互相谦让，也没有外来因素干扰，总之，一切都很正常，这究竟为什么？

难度系数：★★★★★

 897 有两个小女孩长得一模一样，生日也完全一样，问她们是姐妹吗，她们说是；问她们是双胞胎吗，她们又说不是，请问为什么？

难度系数：★★★

 898 有两个容貌非常相似的男孩，经询问，知道他们是同一对父母所生，出生地点和年份也相同，但他们却不是双生子，也不是三生子、四生子、五生子……请问，这两个小男孩究竟是什么关系？

难度系数：★★★★

 899 有两辆汽车以完全相同的速度，分别行驶于紧邻的两条道路上。不久之后，虽然两车都未改变车速，但是 B 车突然开始超越 A 车，这可能吗？（两条道路都是直线）

难度系数：★★★★★

- -

886 头比较痛。

887 好色之徒。

888 因为当时火车还没开动。

889 是个司机。

890 因为塞到恐龙的牙缝里了。

- -

 900 有人被几颗西红柿打成重伤，这是怎么回事？

难度系数：★★★★

 901 有人说，女人像一本书，那么胖女人像什么书？

难度系数：★★★★

 902 有人想把一张细长的纸折成两半，结果两次都没折准：第一次有一半比另一半长出一厘米；第二次正好相反，这一半又短了一厘米。试问：两道折痕之间有多宽？

难度系数：★★★★★

 903 有三个小朋友在猜拳，一个出剪刀，一个出石头，一个出布，请问三个人共有几根指头？

难度系数：★★★★★

 904 有十支蜡烛，你吹灭了三支，还有几支？

难度系数：★★★

 905 有什么办法可以保住母鸡性命免遭主人宰杀？

难度系数：★★★★★

 答案

891 开电梯的。

892 先打开冰箱门。

893 长大成人实现了愿望。

894 甲乙为丙办丧事。

895 那是一架遥控飞机。

 906 有什么办法能使眉毛长在眼的下面？

难度系数：★★★

 907 有什么办法在最短的时间内打开魔方？

难度系数：★★★

908 有什么人睡着了是最难叫醒的？

难度系数：★★★★

909 有一本书，兄弟俩都想买。如果用哥哥的钱单买要缺 5 元钱，如果用弟弟的钱买缺 1 角钱，如果两人把钱和起来只买一本书，钱仍然不够。那么这本书的价钱是多少呢？

难度系数：★★★★

 910 有一次，老李买了一只狗，买了一篮子骨头，他休息时，用一根 5 米的绳子将狗拴在路边树上，将骨头放在离狗 8 米的地方，但过了一会儿，他发现骨头被狗叼走了，你知道为什么吗？

难度系数：★★★★

- -

896 他们交换了自行车。

897 三胞胎或多胞胎中的两个。

898 他们是兄弟，一个是年初生的，一个是年末生的。

899 A 车道有下坡或上坡路段，使距离变长。

- -

 911 有一个东西，是青年人的婴儿期，中年人的青年期，老年人的整个过去，它是什么？

难度系数：★★★★★

 912 有一个海没有一滴水。是什么海？

难度系数：★★★★

 913 有一个家伙上身穿着棉袄，下身穿着短裤，左手拿着冰可乐，右手端着热咖啡，每天坐在火炉旁，却又开着冷气，请问他到底是什么人？

难度系数：★★★★

 914 有一个奇怪的问题，不论问任何人，所得的答案一定是"没有"，这个问题是什么？

难度系数：★★★★

 915 有一个人，无论他叫你把头抬高或垂下，你都会照做，此人是谁？

难度系数：★★★

 答案

900 罐装番茄或冷冻西红柿。

901 合订本。

902 一厘米。

903 六十，手脚都算。

904 十支。

905 想办法每天下一个蛋。

916 有一个人被从几千米的高空掉下来的东西砸在头上，却没有受伤，为什么？

难度系数：★★★

 917 有一个人想要过河但水很急，这里有一把梯子和木头，但梯子还差10公尺，木头只有5公尺，请问他要怎样才能过河？

难度系数：★★★★

 918 有一个人一年才上一天班又不怕被解雇，他是谁？

难度系数：★★★★★

 919 有一个屠夫带着一个小孩在街上遇见一位朋友。朋友问屠夫："这是你的儿子吗？"屠夫："是。"他又问小孩："这是你父亲吗？"小孩："不是。"请问怎么回事？

难度系数：★★★★

 920 有一个瞎子快走到悬崖边时，突然转头往回走，为什么？

难度系数：★★★★

906 倒立。

907 打碎。

908 假装睡着的人。

909 这本书的价钱是5元钱；哥哥没有钱，弟弟有4元9角。

910 狗在树的另一端，骨头在这一端时，他们相距8米。

 921 有一个小圆孔的直径只有1厘米，而有一种体积达100立方米的物体却能顺利通过这个小孔，那么它是什么物体呢？

难度系数：★★★★

 922 有一个婴儿喝了牛奶之后，一星期重了十公斤，为什么？

难度系数：★★★★

 923 有一根棍子，要使它变短，但不许锯断，折断或削短，该怎么办？

难度系数：★★★★

 924 有一家四兄弟他们4个人的年龄乘起来是14，请问他们各自是多少岁？

难度系数：★★★★★

 925 有一棵树，在距树7米的地方有一堆草，一头牛用一根3米的绳子拴着，最后这头牛把这堆草全吃光了，请问为什么？（注意：这头牛体长不足2米。）

难度系数：★★★

 答案

911 昨天。

912 辞海。

913 神经病。

914 你睡着了吗？

915 理发师。

926 有一块天然的黑色的大理石，在九月七号这一天，把它扔到钱塘江里会有什么现象发生？

难度系数：★★★

 927 有一辆没有开任何照明灯的卡车在漆黑的公路上飞快的行使，天还下着雨，没有闪电、没有月光也没有路灯；就在这时，一位穿着一身黑衣的盲人横穿公路！在这千钧一发之际，汽车司机紧急的刹车了，避免了一次恶性事故的发生。为什么会是这样？

难度系数：★★★★

 928 有一名囚犯，被抓到警察局，并被单独关到了一间密封非常好的小囚室里，在没有可能外人进入的情况下，第二天早晨，囚室里居然多出了一名男士！这是为什么？

难度系数：★★★

 929 有一天，一个植物专家，一个原子弹专家，一个动物专家在一个热气球上。此时，热气球直线下降，必须扔掉一个科学家，请问扔哪一个？

难度系数：★★★★

 930 有一天坐公共汽车，车内买票人数只有坐车人数的1/3，售票员对此无动于衷。假设有月票的人也买了票，而且无一个小孩，请问这种情况会不会有？

难度系数：★★★★★

 答案

916 比如，砸下来的是雪花。

917 走桥。

918 圣诞老人。

919 屠夫是女的。

920 因为他只瞎了一只眼。

 931 有一位老奶奶在看报，一只蚊子正想要叮她，老奶奶手和脚都没动，为什么蚊子会突然死掉了？

难度系数：★★★★

 932 有一位老太太上了公交车，为什么没人让座？

难度系数：★

 933 有一位律师，发生了婚变，却站在太太的立场，免费担任太太的辩护律师，并且帮助她向丈夫要求更多的赡养费，最后这律师却没有任何损失，为什么？

难度系数：★★★

 934 有一位新人长得像刘德华，动作像成龙，走起路来像周润发，为什么见过这位新人的制片商都不肯录用他呢？

难度系数：★★★

 935 有一样东西能托起五十公斤的橡木，却容不下五十公斤的沙，你知道是什么吗？

难度系数：★★★★★

 答案

921 水。

922 那是一头牛。

923 拿一根长的跟它比。

924 1、1、2、7，其中有一对双胞胎。

925 牛没拴在树上。

936 有一样东西比大力士能举起的重量要轻得多，大力士却举不起，那是什么？

难度系数：★★★

 937 有一种车却没有一个轮子，这是什么车？

难度系数：★★★

 938 有一种东西，买的人知道，卖的人也知道，只有用的人不知道，是什么东西？

难度系数：★★★★

 939 有一种东西，上升的时候同时会下降，下降的同时会上升，这是什么？

难度系数：★★★

 940 有一种活动能够准确无误地告诉你：美人不是天生长出来的，而是七嘴八舌说出来的，这是什么活动？

难度系数：★★★★

 答案

926 沉到江底。

927 漆黑的公路是公路的颜色，当时是白天。

928 她是名女囚犯，第二天生了一个小男孩。

929 扔最重的那一个。

930 只有一个乘客。

 941 有一种路虽然四通八达，但就是不能走人，为什么？

难度系数：★★★★★

 942 有一种牛皮最容易被戳穿，那是什么牛皮？

难度系数：★★★★

 943 有一种药，你想吃上药店却买不到，这是什么药？

难度系数：★★★★

 944 有人说杰米写的诗是从书上偷来的，可杰米不承认，他的理由是什么？

难度系数：★★★★

 945 有只小蚂蚁在自己家附近玩耍，不久看见一头大象慢悠悠走了过来，蚂蚁一惊，连忙跑回家去，想了想又伸出了一条自己细细的小腿，请问为什么？

难度系数：★★★★

 答案

931 因为它被老奶奶的皱纹夹死了。

932 车上有空位。

933 因为这个律师正是那个太太。

934 她是个女的。

935 水。

946 有只小松鼠朝西跑，又向右转了 90 度接着往前跑。请问：这只小松鼠的尾巴朝哪里？

难度系数：★★★

 947 有种船从来没下过水，为什么还是船？

难度系数：★★★★

 948 幼儿园的老师拿出一包糖，准备分给小朋友们吃，如果一人分一块，便多出一块，一人分两块，又欠两块，究竟最少有几个小朋友？几块糖？

难度系数：★★★★

 949 幼儿园放学了，但却没有一个小朋友从大门出去，是怎么回事呢？

难度系数：★★★

 950 渔夫最怕什么？

难度系数：★★★

 答案

936 他自己。

937 是象棋中的车。

938 棺材。

939 跷跷板。

940 选美。

 951 雨天什么伞不能打？

难度系数：★★★

 952 遇到什么事情最好高抬贵手？

难度系数：★★★

 953 远东百货遭小偷，警察立刻封锁住所有出口，但为什么小偷仍逃了出去，为什么？

难度系数：★★★★

 954 远在外地工作的浪人寄了封信回家慰问，里面还夹了张照片，但为什么他家人收到信后却迟迟不肯打开看呢？

难度系数：★★★★★

 955 在"不，仁，王，○，吾"的"○"位置，应当填写"东，南，西，北，中"的哪个字？

难度系数：★★★★★

 答案

941 因为那是电路。

942 吹牛皮。

943 后悔药。

944 诗还在书上。

945 小蚂蚁想把大象踩倒。

956 在不能用手的情况下，怎样才能把桌上的一碗面吃完？

难度系数：★★★

 957 在船上见得最多的是什么？

难度系数：★★★

 958 在河的一岸有一只蚕，在河的对岸有一片桑树，这条河水面宽一公里，却没有一座桥，请问它如何才能过到河对岸？

难度系数：★★★

 959 在罗马数字中，零该怎么写？

难度系数：★★★★★

 960 在没有停电、跳电情况下，为什么陈先生按了开关，电灯却没有亮？

难度系数：★★★

946 朝天。

947 宇宙飞船。

948 三个小朋友四块糖。

949 大门检修，请走侧门。

950 没人吃鱼。

 961 在什么地方，将军和元帅完全相等？

难度系数：★★★★

 962 在什么情况下，你的手和嘴巴会动个不停？

难度系数：★★★★

 963 在什么情况之下 2/4 和 4/4 不会约为成最简
分数？

难度系数：★★★★★

 964 在什么时候更确定自己是中国人？

难度系数：★★★★

 965 在一场足球赛前，你可以准确地告诉我比
分吗？

难度系数：★★

 答案

951 降落伞。

952 别人用枪指着你的时候。

953 小偷可以从入口逃走呀。

954 粗心的浪人把"勿折"写成了"勿拆"。

955 应该是西！因为前几个字中分别有一、二、三、五。

966 在有 100 个代表队参加的足球淘汰赛中，要决出冠军队，至少需进行多少次比赛？

难度系数：★★★★★

 967 在早餐时从来不吃的是什么？

难度系数：★★★

 968 早晨醒来，每个人都会去做的第一件事是什么？

难度系数：★★★

 969 早上八点整，北上、南下两列火车都准时通过同一条单线铁轨，为什么没有相撞呢？

难度系数：★★★

 970 怎么称呼一只不会叫的狗？

难度系数：★★★★

956 用筷子。

957 水。

958 变成蛾之后。

959 罗马数字没有零。

960 他按的不是电灯开关。

971 怎样用手使一个不会上升的气球到达最高处？

难度系数：★★★★

972 债权和债务的最大区别是什么？

难度系数：★★★★

973 战场上，子弹最密集的地方在哪里？

难度系数：★★★★★

974 张大妈整天说个不停，可有一个月她说话最少，那是哪个月？

难度系数：★★

975 张丽参加百人呼啦圈赛，一直坚持到了最后一刻，却被取消了冠军资格。为什么？

难度系数：★★★★

961 在中国象棋中。

962 不会游泳，跳入水中。

963 写在五线谱上面。

964 外语考试的时候。

965 当然可以，0：0。

 976 张三问李四5次同一样的问题，李四回答了5个不同答案，而且每个都是对的，那么张三问的是什么呢？

难度系数：★★★

 977 张先生拿着针到处刺人，为什么没有人责怪他？

难度系数：★★★★

 978 蟑螂请蜈蚣和壁虎到家中做客，发现没有油了，蜈蚣要去买，却久久未回，究竟发生了什么事？

难度系数：★★★★

 979 只有头却没有身体的牛，叫做什么牛？

难度系数：★★★★

 980 纸上写着某一份命令。但是，看懂此文字的人，却绝对不能宣读命令。那么，纸上写的是什么呢？

难度系数：★★★★

 答案

966 一次只能淘汰一个队，故需要99次。

967 午餐和晚餐。

968 睁眼。

969 因为日期不一样。

970 狗。

 981 志明说自己可以一面吹口哨，一面刷牙，你猜他是怎么办到的？

难度系数：★★★

 982 中国人最早的姓氏是什么？

难度系数：★★★★★

 983 主演最多电影的是谁？

难度系数：★★★★★

 984 煮什么汤最"鲜"？

难度系数：★★★★★

 985 装模作样的人成功的途径是什么？

难度系数：★★★★★

971 把气放掉然后把气球使劲扔上去。

972 一个容易记住，一个最不容易记住。

973 在弹药运输车上。

974 二月份。

975 太胖了，卡在腰上了。

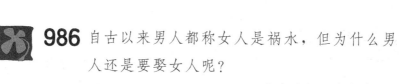

986 自古以来男人都称女人是祸水，但为什么男人还是要娶女人呢？

难度系数：★★★★★

987 自己的缺点令自己讨厌是在什么时候？

难度系数：★★★★★

988 足球比赛中间休息的时候，爸爸问他的儿子：放在右脚旁边而左脚碰不到的是什么东西？儿子灵机一动就答对了，你知道吗？

难度系数：★★★

989 钻进钱眼里的人最终会怎样？

难度系数：★★★

990 最不能在光天化日下见人的是什么东西？

难度系数：★★★★

- 976 张三问的是时间。
- 977 他是针灸师。
- 978 蜈蚣还在门口穿鞋。
- 979 一头牛。
- 980 纸上写着：不要念出此文。

 991 最不听话的是谁？

难度系数：★★★

 992 最多人看不清楚的花是什么花呢？

难度系数：★★★★

 993 最坚固的锁怕什么？

难度系数：★★

 994 最具有经济价值的瓜类是哪一种？

难度系数：★★★★★

 995 最慢的时间是什么？

难度系数：★★★★

答案

981 他戴的是假牙。

982 姓善。"人之初，性本善。"

983 领衔主演每片都有呀。

984 煮"鱼"肉汤和"羊"肉汤。

985 滥竽充数。

996 一名双眼失明的中年人跟一名身体健全的青年人赛跑，失明人却赢了，这是怎么一回事？

难度系数：★★★★★

 997 李四在零下 30 度时的露天工作，为什么他一点也不觉得冷？

难度系数：★★★★

 998 听说田先生曾经碰触以时速 200 公里正在奔驰的火车车身，但却毫发未损，而且据他说还不只一次。这是怎么一回事？

难度系数：★★★

 999 在一个研究所中，发明了能够无限膨胀的新气球，于是叫来一位肺活量很大的人来吹气球。但是，他在屋里吹了很久，气球却只能胀到某个程度，而后就不再胀大了。这是为什么呢？当然，气球并没有破！

难度系数：★★★★★

986 因祸得福。

987 在别人身上看到时。

988 是左脚。

989 最终会死。

990 胶卷。

 1000 有一小木块浮在装水的容器中，在不把它往下压、不加重量的情况下，有办法使这小木块往下沉吗？

难度系数：★★★

 1001 有一个步距 90 厘米的篮球选手，和一个步距 60 厘米的马拉松选手，同时快步由 A 点走向 B 点。虽然马拉松选手先抵达 B 点，但是他走的步数却和稍后抵达的篮球选手相同。而且，两人都是走在一直线距离完全相同的同一条道路上。那么这是为什么？

难度系数：★★★★★

991 聋子。

992 眼花。

993 钥匙。

994 南瓜，可以变成灰姑娘的马车。

995 度日如年。

996 那是在伸手不见五指的晚上赛跑。

997 他在救火。

998 田先生是坐在以时速 200 公里行驶的火车上，用手碰触车厢内侧。

999 这是因为气球已经胀满了整个房间，不能再胀了。

1000 在容器底部打洞后，木块就会往下沉。

1001 因二人是爬楼梯比赛。

附：玩转"脑筋急转弯"

思路1：联系实际，正确认知

脑筋急转弯也是有知识含量的。但这些知识都不是深不可测的，恰恰相反，很多都是一些耳熟能详的常识，包括相当多的生活常识。因此，只要你在生活中是一个"有心人"，很多听起来高不可攀的脑筋急转弯，在你面前都会变得十分简单。比如脍炙人口的"司芬克斯之谜"听起来让人一头雾水，而且许多人因此丧命，但其实谜底非常简单。我们的脑筋急转弯之旅就从"司芬克斯之谜"开始吧！

●例1："司芬克斯之谜"是一个非常著名的希腊神话故事。这故事说的是，在很早很早以前，在一个叫底比斯的地方有个人面狮身的怪物，叫司芬克斯，它向所有过路人提出一个谜，凡猜不中谜底者都要被它吃掉。许多底比斯人就这样死于非命。"司芬克斯之谜"的谜面是：什么东西先用四条腿走路，后用两条腿走路，最后用三条腿走路？

一天，英雄俄狄浦斯路过此地，猜中了这谜的谜底，致使司芬克斯跳崖而死。俄狄浦斯不仅拯救了他自己，而且也拯救了所有的底比斯人。你知道"司芬克斯之谜"的答案吗？

答案：人。因为人小时候不会走路，用手和脚在地上爬，长大了用两条腿走路，老了的时候因体力不支而需拄着拐杖。

值得注意的是，英雄俄狄浦斯不是神，而是人。正因为俄狄浦斯认识到了自己，所以他不仅拯救了自己，而且也拯救了所有的底比斯人。如果我们把"司芬克斯之谜"看成一个脑筋急转弯的话，那其实答案非常简单，只要真正认识了自身，就能破解谜题。

●例2：有对一模一样的双胞胎兄弟，哥哥的屁股有黑痣，而弟弟没有。但即使这对双胞胎穿着相同的服饰，仍然有人可立刻知道谁是哥哥，谁是弟弟。究竟是谁呢？

答案：他们自己。这也是一个关于"人"的脑筋急转弯。最了解你的人，当然是你自己了！你意识到这一点了吗？

●例3：一个人无法说，一群人说没意思，两个人说刚刚好。请问这是什么话？

答案：说悄悄话。这是一个关于人在生活中所做的事情的脑筋急转弯。你和别人说过悄悄话吗？体会一下，是不是很形象啊？

●例4：海曼先生在村子里经营一家礼品店，他有生以来还未曾走出村子一步。他的身高是2.3米，有一天，有一位身高2.4米的高个子先生造访这个村落，把海曼吓住了。海曼说："这是我有生以来头一次见到个子比我高的人。"那位高个子先生听了说："不可能吧。"为什么呢？

答案：因为海曼小时候应该看过个子比他高的人。能否自由飞越时间的空档呢？乍看之下绝对的东西才更值得质疑。

●例5：（1）在没有钟的山村，有一个人养了几只鸡，可一只也不报晓，为什么？（2）有人被关在密闭的房间里，只有一扇门，但无法拉开，请问他该如何出来？

答案：（1）他养的是一群母鸡。（2）把门推开。

鸡包括公鸡和母鸡，打开有拉开和推开两种形式。人们解读言语的过程，也是从"词"到"词义"再到"事物"的过程。

●例6：装了一半沙子的桶和下面放上铁垫里面装满水的桶，分别放在跷跷板的两端保持平衡。如果把桶下面的铁垫放入水中，天平会有何变化？

答案：因为桶的水很满，放入铁垫后水会溢出使右侧变轻，于是跷跷板会向左倾。过度思考的人反而解不开问题，在灵活的构思中，需要以单纯的眼光来看事物。

●例7：（1）什么时候10加3会等于1？（2）老王一天要刮五六十次脸，可脸上却仍有胡子。这是什么原因？（3）大牛在椅子上睡着了，醒了却不知道自己在哪儿，为什么？

答案：（1）算时间的时候：13点等于下午1点钟。（2）老王是理发师，给别人刮脸。（3）睡过站了。

在日常交际时，人们会尽量提供足够的语境信息，不过，在经济原则、省力原则的推行下，也往往隐去一些共知的成分，避免言语啰嗦。"脑筋急转弯"就利用了这一点，忽略人们的共知背景，然后在语境填补上大做文章。10加3，可以用在做数学计算题的时候，也可用在珠算或算时间的时候。（1）没有提供计算范围，在语境缺省的情况下，人们就会按照常识，把通常做数学题的语境背景添补进去，再进行信息处理。可是，按这个思维逻辑无论如何得不出"1"这个结果，原因在于出题者把这道题置于计算时间这个特殊背景之中。（2）"老王一天要刮五六十次脸"中的"脸"是指别人的"脸"，而后一分句"可脸上却仍有胡子"中的"脸"是指老王自己的脸，这里把不同的"脸"混淆，是因为语境的缺省，导致语义模糊。

（3）中，对于"大牛在椅子上睡着了"这个事件，句中没有提供足够的背景信息，是在哪里的椅子上呢？在通常的语境下，椅子都是静止的，但出题者却把它放在了公交车上，如果猜题时把共知的语境填补进去，是得不出答案的。

●例8：小光在厨房装了一个捕蝇器，因为这个捕蝇器用黏着性很强的黏着液，苍蝇一旦踏入，就被黏住了。小光在设置捕蝇器之后，有一次亲眼看到几只苍蝇落入捕蝇器，但并不像一般所说的就被逮住了，而是又飞走了。这是为什么呢？当然黏着液不可能失效。

答案：因为捕蝇器内已经黏满了苍蝇，小光看到的苍蝇站在别的苍蝇身上。这是以实际生活为经验而成的问题。

●例9：有一种水果，没吃时是绿色的，吃下去是红色的，吐出来是黑色的，请问是什么水果？

答案：西瓜。准确地说，是成熟的西瓜。你肯定吃过西瓜吧，对照答案想一想，是不是特别形象生动、恰如其分啊？

●例10：住在山谷中的志明，突然想吃泡面，便支起小锅来烧水。水快开了才发现家里的泡面已吃完了，急急忙忙到山脚下的杂货店去买。30分钟后回到家，发现锅里的热水全都不见了。这究竟是为什么？

答案：因锅中的热水全部变成冷水了！经过30分钟，热水当然很可能会变成冷水啰。

思路2：抓住要点，巧妙应变

脑筋急转弯主要是考查人的快速应变能力，要不怎么会冠以"急转弯"的名称呢！脑筋急转弯突出一个"急"字，其奥妙还在一个"弯"字上，在问题和答案之间有个"弯"，回答问题要求"脱口而出"，属于一种智力游戏，具有强烈的变幻性和趣味性。脑筋急转弯的技巧是通过对语音、语义、语法、文字、句子、语境等的巧妙运用，利用人们的常规思维定式，预设陷阱，让人就突如其来的提问作出快速反应，在可能的多重答案中去寻找与特定语境最佳关联的最佳答案。这对人的应变思维能力提出了很高的要求。

应变思维能力是指人在外界事物发生改变时控制自己所做出的反应的思维能力，是当代人应当具有的基本能力之一。多数脑筋急转弯的题目设置有一个共同特点，就是简短。在一些人看来，简短的题目提供的信息量少，无从下手，因而就不知所措。但是简短的题目也有一个突出的优点，那就是容易抓住要点。再简短的题目，其信息量也不是全部有效的，只有其中的要点才是最有效的信息。只有抓住要点，才能巧妙应变。部分长一些的题目，其实其中的有效信息就是几个关键点，大部分信息是干扰性的。只要抓住了关键点，答案自然水落石出。

●例1：把冰变成水最快的方法是什么？

答案：去掉两点。有时候，语境中的有些内容在处理某些信息时又是无用的。听话人在听到题面时，往往将语词"冰""水"和现实世界中的事物联系起来而得出预测答案："将冰加热"。然而，出题人在制作题面时故意断裂语词和所指事物的联系，推理变成从词到词的直接过程。

因此，脑筋急转弯中的语境往往不是给定的，而是择定的。人们先假定正在处理的信息是有关联的，否则他们不会费神去处理它，然后设法选择一种能够使其关联性最大化的语境。也就是说，语境不仅包括先前话语或话语发生的环境，它更多是指解读话语所激活的相关假设的集合，它们的来源可以

是先前话语或对说话人以及对现实环境的观察，也可以是文化科学知识，还可以是听话人处理话语时大脑所想到的任何信息，等等。

●例2：（1）一个盒子最少有几个边？（2）小玲家的猫为什么不生跳蚤？（3）小明到小华家坐车要花一小时，小华到小明家却要两个半小时，为什么？

答案：（1）两个边，里边和外边。（2）猫只会生小猫，不会生跳蚤。（3）车速一样，两个半小时加起来就是一个小时。

（1）中的"边"一般理解为"几何图形上夹成角的射线或围成多边形的线段"，但出题者却故意破解为"方位词后缀"。（2）中的"生"一般是"生长"的意思，出题者破解为"生育"。（3）中"两个半小时"，一般人会把停顿放在"两个半"后，出题者却故意曲解，断在了"两个"后面，意义也随之发生了改变。上述这些关键词，就是解题的要点。

●例3：请你快速计算：一辆载着16名乘客的公共汽车驶进车站，这时有4人下车，又上来4人；在下一站上来10人，下去4人；在下一站下去11人，上来6人；在下一站，下去4人，只上来4人；在下一站又下去8人，上来15人。

还有，请你接着计算：公共汽车继续往前开，到了下一站下去6人，上来7人，在下一站下去5人，没有人上来；在下一站只下去1人，又上来8人。

好了，记住你的计算结果，回答问题：这辆公共汽车究竟停了多少站？（不要重新计算哦）

答案：8站。注意力是有选择性的，当人们注意某项活动时，心理活动就指向集中于这一活动，并抑制与这一活动无关的事务。

●例 4：前些日子，小高与双亲头一次出国旅行，他们三人来到完全陌生的国度。由于语言不通，他的父母显得不知所措。而只有小高未尝感受丝毫不方便，仿佛仍在自己的国家中，这是什么道理呢？

答案：原来小高是一名婴儿。若被出国旅行、语言不通等复杂资讯混淆，难免忽略了单纯的解答。以小高为主语的圈套，令人不易产生出"婴儿"的构想。

●例 5：课室里有桌子和椅子各 40 张，张三每两分钟能抹一张桌子和一张椅子，那么两小时他能抹多少张桌子和椅子？

答案：40 张。因为课室里只有 40 张桌子和椅子。

●例 6：什么铃敲起来最难？

答案：哑铃。

●例 7：有两辆汽车以完全相同的速度，分别行驶于紧邻的两条道路上，两条道路都是直线。不久之后，虽然两车都未改变车速，但是 B 车突然开始超越 A 车，这可能吗？

答案：可能，因 A 车行驶的道路有下坡或上坡路段，使距离变长。

●例 8：一根甘蔗怎样才能平分给三个人吃？

答案：把它榨成汁，再平分成三杯。

●例 9：在上海市的同一条街道上，住着三个才艺不相伯仲的裁缝。一个在招牌上写着"上海最好的裁缝"，另一个则写着"中国最好的裁缝"。如果你是第三个裁缝，你会在招牌上写什么？

答案：本街最好的裁缝。

●例 10：小明能找到一样很像他的鼻子的东西，这是为什么？

答案：因为他有一个双胞胎兄弟，两个人的鼻子很相像。

思路3：发挥想象，柳暗花明

想象是人体大脑通过形象化的概括作用，对脑内已有的记忆表象进行加工、改造或重组的思维活动，是人类进行创新及其活动的重要的思维形式。可以说，正是因为有了想象思维，人类才能翱翔蓝天、登上月球，乃至探索整个宇宙。想象思维能发挥如此重要的作用，用它来解决脑筋急转弯，更不在话下了。当你面对刁钻古怪的题目感到"山重水复"之时，丰富的想象会指引你到达"柳暗花明"的境界。

●例1：杏子从52楼跳下，为什么没事？

答案：她是只鸟。从52楼跳下却没事，当然不可能是人了。是物吗？但"物"自己是不会"跳"的。也只能是会飞的鸟了。你养的鸟或其他宠物，不是一样也得有个名字吗？

●例2：灰姑娘的老爸老妈可能是谁？

答案：白雪公主与包公。"灰"是白色与黑色"合作"的结果。由人想到颜色，再由颜色想到人，如此丰富的想象力，不禁令人咋舌。

●例3：这世界上飙车狂多得很，自己开车时速度愈快就愈高兴。可是一般人的感觉是速度太快会害怕。有没有速度慢反令人感到害怕的交通工具？

答案：有。譬如拼命在瀑布附近往水流反方向划去的小舟，或是飞行中的飞机不明原因而突然降低速度。这样的恐惧不是针对速度本身而恐惧，而是对意料之外的事态感到惶恐。能发现此问题实质的人能轻松过关。

●例4：阿欣对卜卦颇有一手，大家都说他卜得很准，有一次他为自己卜了一卦，结果是："由此处往北走，就能遭逢人生最大的幸运。"但阿欣一看，说："怎么会呢？"她失望地垂下了头。这是为什么呢？阿欣无病无痛，当然可以走路前去，而且并没有阻挡前路的障碍物。

答案：他在北极点。所谓的决断，就是在最短的时间内做出正确判断。在瞬间变化的状况下才须要决断力。这种决断力离不开想象力。

●例5：卓别林来到一个小镇，镇上的朋友告诉他，小镇只有两家理发店，每家只有一个理发师，他先来到第1家，见里面干净整洁，理发师的发型漂亮有型，然后他又去第2家看看，只见里面又乱又脏，理发师的发型乱七八糟，你说他应该光顾哪一家？

答案：镇上既然有两个理发师，他们也必然互相给对方理发，第一家理发师的发型好，那证明第2家理发师的技艺高超，故答案已经很明显了。很多成功运用想象思维的案例，其实就是以生活常识为基础的。

●例6：有个外星人正参观人类的奥运会，因为他是个观察员，因此有义务向单位提出报告。当他看到跳远比赛时他报告说："是一种跳起来后，直到脚跟着地为止，可前进8米左右的竞赛。"当他看到三级跳时他报告："踏地弹起过后中途落地两次，就可前进18米左右的竞赛。"接着报告："跳一次就可前进百公尺的竞赛。"地球上有这种竞赛吗？

答案：有。那是百公尺游泳比赛。多想几种运动项目，用淘汰的方式，筛选出正确的答案。

●例7：小志把桶里的豆分成两份，分了之后却见不到一粒豆，这是咱们回事？

答案：因为桶里只有一粒豆，分成一半后自然见不到一整粒的豆了。

●例8：有一只老虎向河北岸走，一只狗熊向河南岸走，河上只有一座独木桥，他们都没有相让却又都安全地通过了？

答案：因为它们有一个动物在早它一小时以前就通过了，他们俩不在同一时间里过桥。

●例9：一个汽水瓶从离地2米高处掉到水泥地上，为什么却没有破碎呢？

答案：因为地上是湿水泥。

●例10：一个人为什么能站在一个鸡蛋上面？

答案：那是一个已经碎了的鸡蛋。

思路4：逻辑推理，条分缕析

从解题思维的角度讲，逻辑思维是思维的一种高级形式。它以分析、综合、比较、抽象和具体化作为思维的基本过程，揭露事物的本质特征和规律性联系。一位哲学家曾经说过：逻辑不是科学，不是艺术，而是陷阱。很多脑筋转弯，就是为了迷惑游戏参与者的思维，在判断或推理方面设置圈套，引导他们走进不利于找到答案的境地，需要很强的逻辑推理能力。避开这类圈套，需要对已知条件条分缕析，抽丝剥茧，处变不惊，答案自见分明。

●例1：拿着鸡蛋扔石头，为什么鸡蛋没破？

答案：一手拿着鸡蛋，另一只手扔石头，鸡蛋当然不会破。这个脑筋急转弯有意提出一个命题，诱导解题人去选择通常被视为关联最大、最自然的理解（没有扔中石头）但此种理解却总与题目中某一已知信息相悖（即使没扔中石头鸡蛋还是会摔破），因而最大关联被否定，而促使解题者付出更多额外的努力去取得最佳关联，最后得出该命题的正确答案。

●例2：（1）让火熄灭得最快的方法是什么？（2）小狗怎么才能一下子变大呢？

答案：（1）在火字上加一横就行了。（2）将"犬"字上的"、"去掉。

在接收语言信息时，对词的常规解码过程是这样的：首先在话语中接触到了"火""狗"这两个关键词，然后遵循它们的词义联想到现实生活中的具体事物。然而，在这两个脑筋急转弯中，"火"只代表这个语言符号的字形，"小狗"对应的是它的同义词"犬"，从"词"到"词"，忽略了词义，割断了词与事物的联系，例子中的问题也就失去了常规的交际作用，成为一种文字游戏。

●例3：（1）早晨，你朝西走时，阳光照在你的左脸还是右脸？（2）你用左手写字，还是用右手写字？（3）黑人生下的小孩，牙齿是什么颜色？

答案：（1）后背。（2）都不用，我用笔。（3）没长牙。

解答脑筋急转弯时，要排除隐含前提的干扰。（1）中隐含前提是："早晨，你朝西走时，阳光或是照在你左脸或是照在你右脸。"（2）中隐含前提是："你或是用左手写字或是用右手写字。"（3）中隐含前提是："黑人生下的小孩有牙齿。"在判断句子时，人们总是把注意力放在新的信息上，容易忽视隐含前提是否真实。隐含前提如果为假，根据常识得出正确的前提，这就是题目的答案。"脑筋急转弯"就利用了这一点，把猜题者引入了思维的死胡同。

●例4：（1）一起杀人案的现场没有留下线索，也找不到

目击者，但一小时后警方却宣布破案，为什么？（2）盲人按摩师每天晚上出门行医，都要拿手电筒照亮。他是盲人，还拿个手电筒干什么？

答案：（1）凶手来自首。（2）他很聪明，为的是不让别人撞他。

（1）采用的是警方的逻辑视角。发生了杀人案，得查线索、找目击证人，在两者都缺乏的情况下，要破案困难重重，但一个小时后就宣布破案了，警方究竟是如何神通广大地破案的呢？这不禁让人绞尽脑汁。然而，答案却是凶手自首了，既简单又合理，但很多人猜不到，原因是句子所选择的警方逻辑视角影响、限制了人们思考的途径。同样，（2）也是如此。既然是盲人，看不见，何必拿个手电筒照明，这不是怪事吗？在句子中所提供的盲人逻辑视角的影响下，猜题者很容易延续这个逻辑视角来思考答题，殊不知设题者却从别人的逻辑视角出发来设置答案。

●例5：为什么大家都喜欢坐着看电影？

答案：因为站着看脚会酸。这是运用"假设法"的典型例子。如果我们不"坐着看电影"，那会怎样呢？在电影院里，你会是躺着看或趴着看吗？恐怕不能。排除了这些情况，再想想利弊，就可得出答案。

●例6：振成的女朋友是一个很爱笑的女生，不管什么芝麻绿豆小事，立刻就笑了出来。没想到他们去看相声表演，节目内容很逗趣，可是她几乎笑不出来，请问这是为什么？

答案：因为振成的女朋友是个外国人，她听不懂本国语，当然笑不出来了。如果回答相声不好听就很牵强，因为题目中已经告诉你了，振成女友是个很爱笑的女生。

●例7：我老年的时候身体特别胖，以至于常常带来麻烦。而我有个朋友骨瘦如柴，患有胃病，可是不知为什么他每周要去两次眼科医院，请问这是为什么？

答案：他是个眼科医生，在眼科医院每周只会诊两次。患胃病——去医院，一看必定会以为是因为胃不好而去医院看胃病的。本题用心之处也正在此处，并提醒各位过早下结论是有害的。

●例8：要制作准确无误的统一世界地图，故邀请先进国家最知名的地理学者们来绘制。可是，把每个人的作品凑齐后，却不能决定该采用谁的地图。附带一提的是他们都是采用相同的胶片、测量工具与制图方法。究竟出了什么差错？

答案：这是因为各国的地理学家，各自以祖国为中央来制作地图。当这点无法统一时，即使如何正确的地图，都不是完全统一的地图。

●例9：某个夏日，在水平的跷跷板上进行以下的实验。一边放个西瓜另一边放一块冰，使两者保持平衡。经过一段时间后，跷跷板的方向变成何种情形？

答案：跷跷板会回到原来水平的状态。当冰块稍微溶解后，跷跷板会倾向西瓜的那一侧，使西瓜滚落，跷跷板再向冰块那侧降下去。但是，经过一段时间，冰溶为水后，跷跷板便恢复水平的状态。思考问题时，一旦解决一个问题，人们的心理当然会引起减少压力的现象。从冰溶解变轻——西瓜滚落，这两个问题中，至找到正确答案为止，两次都会被强迫减小压力。在紧张的心情下思考事物，不免会掉入文字陷阱而使思考中断。在获得疑似答案时，有必要再多思考是否仍有其他的问题或答案。

●例10：大明和小美两人各出相同的钱买糖果后，大明向小美说："这个糖果一个10元；因为你比我多吃两个，所以待会你要给我20元。"这场交易乍见之下，似乎公平，但实际如何呢？

答案：大明赚了10元。因原本两人各出一半的钱，所以一开始把糖果分成两份后，小美只从大明处多吃一个，但和大明的差距却变两个。所以，小美只要给大明一个糖果的钱——10元即可。当两人拥有相同数目的东西，任一人让出一个的话，两人的差距就变成两个。稍微注意一下，应该就不会陷入这种错觉中。

思路5：发散思维，殊途同归

发散思维是指从一个目标出发，沿着各种不同的途径去思考，探求多种答案的思维。发散思维是一种创造性思维，它的实质就是培养发现新事物、研究新方法、探索新思路、揭示新规律、解决新问题的能力。而回答出一个高难度的脑筋急转弯，需要的恰恰是这些能力。所以，多做一些脑筋急转弯游戏，是培养发散思维的简便易行的方法。俗话说"条条大路通罗马"，只要是最后能找到答案的方法，都是正确的方法。

●例1：（1）有一种用剪刀剪不断的布，是哪种布？（2）谁办事最讲究分寸？

答案：（1）瀑布。（2）裁缝。

语素既可单独成词，又可与其他语素组合成词，前者语素义等同于词义，后者则不等同。（1）中"布"可独立成词，"哪种布"中的"布"，基本义是："棉、麻或人造衣服或其他物件的材料"；然而"布"也可作为语素，指："像布一样的东西"，答案"瀑布"就是利用了这一点，在解码时把"布"当作一个构词的语素。（2）也是如此，"分寸"是一个词，词义是："说话或做事的适当限度。"答案却把"分寸"拆成两个语素，用的是两个语素义的简单叠加。

●例2：为什么两个孩子恰恰好？

答案：因为"不孝有三"。有句古话叫"不孝有三，无后为大"，这位聪明的回答者不仅把这句话断章取义，而且还把前半句翻出了新意，把"三"和"两个孩子"联系起来了，足可见他的发散思维有多么发达了！当然，这样的断章取义仅限于脑筋急转弯，不能推而广之。

●例3：一个人有三根头发，为什么他还要剪掉一根？

答案：他想做三毛的哥哥。由"三根头发"想到三毛，"剪掉一根"后又联想到"三毛的哥哥"，应用的就是发散思维。

●例4：（1）世界上语言的种类很多，像中国话、日本话、英国话，等等，那么，什么话是世界通用的呢？（2）谁是人们很崇拜却不想见的人？

答案：（1）电话是世界通用的。（2）上帝。

（1）中，在前语境"中国话、日本话、英国话"等词语的引导下，人们通常把问题中的"什么话"理解为"什么语言"，其实，前边分句中的三个"话"，和问句中的"话"是不同的概念。此题目的设置是有意违背关联原则，把两个不相关的"话"放在一起，为的是给后面的问题设置增加迷惑性。（2）在猜题时，一般会受到"谁"和"人"这两个词语的误导，使猜题者把解题范围自动地限定在"人"这个范围内，很难想到"上帝"这个源于人类又高于人类的特殊体。

●例5：（1）什么情况下当你说到它的名字，就把它打破了？（2）什么东西谁都不想要，可总有人要买？（3）什么东西破裂之后，即使最精密的仪器也找不到裂纹？

答案：（1）沉默。（2）教训。（3）感情。

在认知心理学中有一种隐喻的认知方式，即从一个认知域投射到另一个认知域，用一个具体的概念来理解一个抽象的概念。上述三例中，与"打破"、"买"、"破裂"搭配的通常是具体的事物，而答案却都是抽象的：沉默、教训、感情。它们之所以能搭配，是因为运用了"隐喻"这种认知方式。

●例6：我对大自然的神秘性、伟大性佩服得五体投地。那么诸位是否知道直到目前为止你所能见到的东西的影子中最大的是什么物体？只要把目光直视"大自然"便可解开本题。

答案：地球的影子——黑夜。我们多半会围绕日常生活中所发生的事物，而IQ智力游戏不可缺少的正是我们有意识地尝试对自然现象的视角改变（即最大视角、最小视角和无极限视角），就拿我们所生存的地球和银河系做个比较的话，它简直就像汪洋大海中的一只浮游生物一样。

●例7：有一个男子从行驶中的船上跳进水里，不久又若无其事地爬上甲板，而在一旁目击的船员也丝毫没有吃惊的样子。这到底是怎么一回事。

答案：那名男子是从豪华游轮上的跳水板，跳入船上的游泳池里。无论垂钓的船或豪华客船都是船。能从"船"这一个单字，做多方联想的人，证明他是一个会动脑筋的人。

●例8：某个蛋商在空房间的地板上放置四个蛋。然后用一个铁制的大滚筒，推压整个房间，蛋却一个都没破。这是为什么？

答案：因为四个蛋被放在房间的四个角落。这个大滚筒会有压不到的空隙，所以蛋不会被压破。听完后，就可以明白即使是这么浅显的答案，也要根据特定的条件去推理，才可以增强自己的实力。

●例9：一位男子关灯后上床睡觉了。第二天早晨，他打开收音机，听到发生了一场可怕的惨剧，一百多人遇难了。他知道这全是他的错。可整个晚上他既没有醒来也没有梦游，这是怎么回事？

答案：他是灯塔控制员，他的任务是让灯塔上的灯永远亮着。在他上床睡觉前，心不在焉地关掉了导航灯，一艘船撞到礁石上，导致严重的后果。

●例10：一个凶狠的醉汉朝李四使劲撞过来，李四见到了却不躲开，为什么？

答案：因为李四也醉了。

思路6：创新思维，独具匠心

脑筋急转弯因其答案的隐蔽性和多种可能的选择性，可以开发人的智力和思维方式，帮助人多视角地看待世界，打开解决问题的思路，激发人的创新思维。创新思维是指对事物间的联系进行前所未有的思考，从而创造出新事物的思维方法，是一切具有崭新内容的思维形式的总和。一切需要创新的活动都离不开思考，离不开创新思维，可以说，创新思维是一切创新活动的开始，是思维的高级形态。凡是能想出新点子、创造出新事物、发现新路子的思维都属于创新思维。

许多脑筋急转弯是一种新型的头脑体操，它通过引导人们打破常规回答问题，从而发挥超常思维能力，多角度地去思考

问题，来锻炼人的幽默风趣、机智灵敏。在脑筋急转弯游戏中，出题者往往会让解题者的思维转几个弯，脱离常规思维模式，才能得出正确的命题答案。解题者在听到题面后，以常规知识角度去思考，下意识地根据语境或百科知识，推理出最大关联的答案，但结果往往不是正确答案。因此，解题者不得不中断推理思路，为得到最佳关联重新整理整个命题，通过突破常规思维，推理出正确答案。而正确答案又在情理之中，意料之外。因此，创新思维在脑筋急转弯中有广阔的存在土壤。

脑筋急转弯还有一个重要的特点，就是答案与题目不一定有严密的逻辑联系，有的答案甚至可以说是一种诡辩。也就是说，答案一定是别出心裁，打破常理的。这就需要我们在特殊的情况下，根据需要改变常规思维，从独特的角度思考并回答问题。如：什么东西最容易满足？把"满"和"足"分开理解，答案：袜子。当然答案并不是唯一的，就看怎样的说法更能刺激大家的笑神经了。因此，对同一个题目，你也可以尝试着寻找更有趣、更吸引别人眼球的答案。

●例1：海水为什么是咸的？

答案：鱼流的泪太多了。出题者显然不是想听到你说海水里有盐，或者有氯化钠，他显然是让你能提供一个有创意的回答。这个回答就是创新思维的巧妙运用。

●例2：A先生在医院听护士说明吃药的注意事项："每天早晨一觉醒来就立刻吃药，保证药到病除。"A先生一听就大发脾气，到底为什么？

答案：原来A先生患的是通宵达旦的不眠症，才到这家医院来求诊的。人有种习惯，凡是听惯了的话就会忽略。"习惯成自然"在这里万万不可套用。

●例3：某富翁的左右邻居都养狗，一到晚上，这两条狗就吠叫不停。无法忍受这种折磨的富翁，便出搬家费一百万元，希望左右邻居搬走。的确，两个邻居是连狗一起搬家了，但是一到夜晚，富翁还是可听到完全相同的狗吠声。这是为什么？

答案：因为这两位邻居互相交换住屋。认为搬家，一定要搬到远方这种既成想法的读者，首先要自常识的范围内挣脱出来。舍弃这一类的盲点后，才能涌现不寻常的构思。

●例4：乔治以每隔10分钟抽一根香烟的速度，一天抽96枝；他的女友玛丽说："乔治你这种抽法，对身体的损害太大，一定要减少一半的烟量。要上午或下午禁烟均可。"于是乔治回答："玛丽，我把一天分成两部分，并只在其中的一部分以相同的速度抽烟。"而乔治也确实遵守这个条件。但是，乔治的烟量却一根也没减少，这是为什么？

答案：因乔治把一天分成清醒时与睡觉时。"老烟枪"在睡觉时并不抽烟。

●例5：从前有个游牧王国。贪婪的国王到处设关卡，规定牧人赶牛羊马匹经过，一半得作为征税而被没收，然后再从中还给牧人1头，以示国王之慷慨。有位聪明的牧人，他每次赶牲畜，都必须经过99道关卡，而他的牲畜却1头也未少。你可知道这是为什么吗？

答案：那聪明的牧羊人每次只赶两头牲畜，过一道关卡，被没收（征税）1头，然后又还给他1头，正好相等，结果仍然是两头。

●例6：去外地出差的Ａ先生，到了目的地后，才发现自己带走了信箱钥匙。于是，他用信把钥匙寄给家人，但这样子

信箱真的能打开吗？

答案：可以。乍看之下，感觉上被寄回的钥匙又被丢入信箱中，而使信箱打不开；但是只要 A 先生用特快专递寄出，便可直接交给家人了。

●例 7：有一原子笔可以使用红、蓝、黑三色；但是，按出红、蓝笔心的按钮发生故障，无法使用。现在若想写出红色与蓝色的字，该怎么做？假设，这种原子笔无法拆开来修理。

答案：只要用黑色的笔心写出"红色"与"蓝色"的字即可。

●例 8：什么人胆小如鼠？

答案：见到猫就怕的人。

●例 9：什么水能被刀砍断？

答案：结冰的水。

●例 10：把 8 颗珠子分别放进三个碗里，而每个碗里的珠子都是单数，你做得到吗？

答案：一个碗放 3 粒，另一个碗放 5 粒，再把其中的一个碗放入另一个空碗里。

思路 7：幽默艺术，顺理成章

幽默是一种世界语言，是一种生活智慧，更是一种人生智慧。拥有幽默感的人大多乐观、聪明、向上，在生活中不断地制造欢笑，让周围的人感到轻松愉悦，营造一个和谐的氛围，同时自己也充满自信和成就感。脑筋急转弯是一种超级幽默又锻炼思维灵敏度的趣味头脑游戏。出人意料的答案充满奇思妙想的智慧，恍然大悟后开怀大笑，既舒缓了紧张的神经，又丰富了闲暇时光。娱乐是脑筋急转弯的重要目的，而幽默是娱乐的最重要手段之一。许多脑筋急转弯通过夸张、联想等手段，制造出强烈的幽默效果，给人留下了深刻的印象。因此，脑筋急转弯也是培养幽默艺术的良好素材。

很多脑筋急转弯是具有卓越思维和幽默风格的一种益智形式，是人们需要打破常规思考模式、发挥超常思维才能找到幽默答案的一种思维游戏，集启智与娱乐为一体，极具趣味性，所以深受青少年的喜爱。懂得欣赏幽默的孩子，一定如天使般快乐；能够运用幽默的人，一定具有非凡的智慧。

但需要特别注意的是，不要把幽默艺术等同于哗众取宠、荒诞不经，如何让你的幽默语言顺理成章、言之有据，也可以称得上一门学问。

●例1：年年有余，为什么钱还是存不起来？

答案：因为年年都被炒鱿鱼。由"年年有余"联想到"被炒鱿鱼"，用一种幽默的口吻解释了"钱还是存不起来"的原因，既诙谐夸张，又避免哗众取宠之嫌。

●例2：用猪肝和熊胆做成的神奇肥皂，打一四字成语。

答案：肝胆相照（香皂）。这与其说是个谜语，还不如说是个富含幽默色彩的脑筋急转弯。如果从纯科学的角度讲，这样的幽默虽然有些不合理甚至荒诞，但是不失为博得众人开心一笑的绝佳材料。

●例3：这封信是两颗蛋做的，打一四字成语。

答案：信誓旦旦（蛋蛋）。

●例4：有十只羊，九只蹲在羊圈，一只蹲在猪圈，猜一成语。

答案：抑扬顿挫（一羊蹲错）。

●例5：法国著名小说家莫泊桑长着大胡子。有一次，一

位贵妇傲慢地对他说："你的小说没什么了不起，不过你的胡子倒挺好看。你为什么要留这么多的胡子呢？"你能想出莫泊桑怎样幽默地嘲讽她吗？

答案：莫泊桑回答道："至少能给那些对文学一无所知的人一样赞美我的东西。"

●例6：医生劝胖子减肥，胖子问："有没有不用减肥就能使我看起来瘦一些的办法？"医生说有。你猜是什么办法？

答案：增高。

●例7：你什么时候执迷不悟？

答案：当你手拿着谜语猜不出的时候。

●例8：汪精卫自从当了大汉奸后做过一件大有益于中国的事，那是什么事？

答案：就是他死了这件事。

●例9：怎样才能保证不会打瞌睡？

答案：上床睡觉。

●例10：什么哑巴发出的声音最多？

答案：睡觉爱打呼噜的哑巴。

思路8：急中生智，射中谜底

虽然思路7中涉及"谜语"，但那些都不是真正的谜语，而是以谜语形式出现的、饱含幽默色彩的脑筋急转弯。确实有好多谜语的谜面是以脑筋急转弯的形式出现的，这些谜语单单是从谜面来看，就非常有趣。当你知道谜底之后，就会更加感觉妙不可言了。脑筋急转弯可以寓教于乐，让人知道好多知识。

我们在日常生活中常见的谜语源于我国古代的灯谜。灯谜是我国人民非常喜爱的一种游艺活动和智力游戏，它不仅是一种娱乐活动，而且能够锻炼人们敏捷思维、丰富联想的能力。

脑筋急转弯从谜语中分离出来，又有别于谜语，谜语的答案一般有一定的难度，而脑筋急转弯的答案往往比较简单。前面已经讲过，脑筋急转弯突出一个"急"字，以脑筋急转弯的形式出现的谜语集智慧性、趣味性于一体，猜谜的人必须懂得一些有关的基本常识，还要求知识广博、头脑灵活，才能猜得又快又准，可谓"急中生智"。但是，只要我们掌握猜谜的一般方法和规律，多猜、常猜，并勤于思索、善于总结，谜底这只"虎"也就不难射中了。

●例1：二三四五六七八九（打一成语）。

答案：缺衣少食。这个谜语难度并不大，考查的就是人的快速反应能力。即使一个小孩数数，他的习惯也是从一数到十。而谜面中恰恰没有这两个数字，利用谐音，答案就一目了然了。

●例2："只"字加一笔，变成什么字？

答案：冲（先把"只"立起来）。

●例3：一字四十八个头，内中有水不外流。猜一字。

答案：井。此谜的关键理解出四个十和八个头，而不是四十八个。

●例4：像糖不是糖，不能用口尝，帮你改错字，纸上来回忙。（打一物）

答案：橡皮。

●例5：两只蚂蚁抬根杠，一只蚂蚁杠上望。（打一字）

答案：六。

●例6：上边毛，下边毛，中间一个黑葡萄。（打一物）

答案：眼睛。

●例7：过河洗脚，打一成语。

答案：一举两得。

●例8：4＋4＋4＋4（猜一种水果）。

答案：石榴（16）。

●例9：不打不相识，打两字称谓。

答案：战友。

●例10：不相信恋人，打一公安用语。

答案：怀疑对象。

以上是解答脑筋急转弯题目常用的 8 种思路。事实上，这 8 种思路并不是孤立存在的，往往是"你中有我，我中有你"，一道脑筋急转弯题目经常运用到其中的两种甚至更多的思路。有一道经典的脑筋急转弯题目："树上有十只鸟，开枪打死一只，还剩几只？"如果把这道题目演绎一下，综合运用上述 8 种思路，如此简短的题目会风趣得超出你的想象：

老师在课堂上出了一道脑筋急转弯题目，问一个同学："树上有十只鸟，开枪打死一只，还剩几只？"

他反问道："是无声手枪或别的无声的枪吗？"

"不是。"

"枪声有多大？"

"80～100 分贝。"

"那就是说会震的耳朵疼？"

"是。"

"在这个城市里打鸟犯不犯法？"

"不犯。"

"您确定那只鸟真的被打死啦?"

"确定。"老师已经不耐烦了："拜托，你告诉我还剩几只就行了！"

"树上的鸟里有没有聋子?"

"没有。"

"有没有关在笼子里的?"

"没有。"

"边上还有没有其他的树，树上还有没有其他鸟?"

"没有。"

"有没有残疾的或饿的飞不动的鸟?"

"没有。"

"算不算怀孕肚子里的小鸟?"

"不算。"

"打鸟的人眼有没有花？保证是十只?"

"没有花，就十只。"老师已经满脑门是汗，而且下课铃响了，但学生继续问道：

"有没有傻的不怕死的?"

"都怕死。"

"会不会一枪打死两只?"

"不会。"

"所有的鸟都可以自由活动吗?"

"完全可以。"

"如果您的回答没有骗人，"学生满怀信心地说，"打死的鸟要是挂在树上没掉下来，那么就剩一只，如果掉下来，就一只不剩。"

......

在这道另类的"脑筋急转弯"中，虽然"急"体现得并不明显，但是却把"弯"体现得淋漓尽致，不禁令人拍案叫绝。一道道"弯"，将上述 8 种思路全部体现出来，读者可以自己对号入座，细细品味。